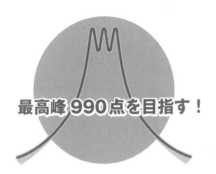

最高峰 990 点を目指す！

TOEIC®頂上作戦!
プラチナ英単語830

TOEIC®900点倶楽部・著

JN102267

扶桑社

TOEIC® 900点倶楽部メンバー応援メッセージ！

満点を取って良かったことは
多くの素晴らしい友人に
巡り会えたことですね！

和田直也

趣味や仕事に関係のある
英語の雑誌やネット記事を読むと一石二鳥
楽しくスコアアップできますよ

TOEIC® は基本文法を
しっかり押さえること！
そこから始めよう

900 を超えるようになったら
より本番に近い
韓国模試がお勧め

道上雅史

あっこ

公式問題集はとても有効。
リスニングは本番そっくり！
PART5 では時間を測りながら
問題を解きましょう

アーチー

単語はセンテンスで
覚えたほうが効率
いいですよ

4 技能＋2 技能と考えて
TOEIC® の対策を考えると
弱点を克服しやすいよ！

竹内やよい

若月麻里子

福島栄二

TOEIC® ならではの
勉強時間の確保の方法
があるんです！

英語サークルのような
勉強会に参加するのも勉強を
長続きさせるコツです

難しいセンテンスが多いけど
頑張って覚えてね
New York の Troy から
応援してます

三浦けいこ

成舞貴子

柴田泰之

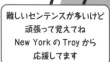

大学時代に受けた TOEIC®
は 280 点！でもモチベーションを
持ち続けられれば満点も！

コナー・キーナン

立石剛史

もくじ

本書の特長

―― 厳選された見出し語 ――

TOEIC® で使われる単語には特有の傾向があります。TOEIC® は
ビジネスマンの英語の力を判定するという目的がありますので、学校
の授業に出てくるような化学や歴史に関わるような単語は登場しませ
ん。また事件や災害に関わるような単語も出ることはありません。ほ
とんどの単語はビジネスに関わりのある単語、そしてアメリカの日常
生活に関わる単語です。

本書では長年にわたり TOEIC® の試験を受け続け、また受験者に
教える立場にある、TOEIC® の大ベテランが結集し、これまで出題
された単語のうち出題頻度の高い単語を厳選して紹介しています。

なお英語の単語には、ひとつの単語にいろいろな意味があります。
これら全てを覚えるのは TOEIC® 試験では合理的ではありません。
本書ではより効率的に良い結果を出すために、同じ単語でも TOEIC®
で問われる意味を優先して、見出し語の日本語訳を選んでいます。

―― レベル別の見出し語 ――

TOEIC® にはいくつかの点数の壁がありますが、本書では最初の
壁と言われる 730 点を超えるために最低限、覚えておく必要のある
単語 218。そして次の壁とされる 860 点を超えるために必要とされ
る 344 語。さらに TOEIC® 受験者の多くがこれを最終的な目標と
して掲げる 900 点の壁を超えるための単語 159 語。そして究極の目
標として満点を狙うための単語 109 語を見出し語として掲載しまし

た。そのどれもが、TOEIC® で出題されることを前提として厳選されたものです。

　また、各レベルを日本の最高峰である富士山の頂上を目指す登山になぞらえて 730 点を 7 合目、860 点を 8 合目、900 点を 9 合目、990 点を頂上として、それぞれの目標の目安としています。その途中では「TOEIC®900 点倶楽部」のメンバーが、どのようにしてスコアを伸ばしてきたか、またスコアアップの秘訣などを公開して、読者の皆様をサポートします。

─── **TOEIC® 独特の表現を再現した例文** ───

　TOEIC® ではビジネスの現場で起こっていることを表現した文章がほとんどです。そこで本書では、見出し語を丸暗記するのではなく、TOEIC® でよく表現されるようなビジネスの現場を想定して創作されたオリジナルの例文作りに力を入れました。様々な業界を想定した例文には耳慣れない単語や表現もあるはずです。それらも含めて TOEIC® 特有の世界観にも慣れることができるように構成されています。

　また編集メンバーには日本人の英語教育にも精通したアメリカ人が参加しています。よりナチュラルな英語にこだわった例文にしてありますが、その結果、見出し語以外に難易度の高い単語が含まれていることもあります。それらの単語もセンテンスごと覚えてしまうことでより幅広い語彙の習得にもつながります。

　また、それぞれのレベルの中では、見出し語を品詞ごとにまとめて掲載しました。例文がどの品詞として使われているかを常に意識しながら覚えてもらうためです。特に PART5 の文法問題では品詞の理解がスコアを大きく左右します。730 点を超えるぐらいまでは、特に注意を払って品詞を意識するようにしましょう。必ず結果に表れるはずです。

本書の見方と表記

チェックボックス　見出し語　見出し語の例文　見出し語の意味　例文の和訳

| | client | Ms. Xiao is one of our most valuable clients. | 得意先〔顧客〕 | ショウさんは、最も大切な得意先のうちの一人だ。 |

※見出し語の意味に別の訳語も当てはまる場合〔〕の中に意味を表記

conduct　New employees in Sho Kitchin Service learn the company's code of conduct during the training.　行動　※ code of conduct は行動規範　ショーキッチンサービスの新入社員は、研修期間中に会社の行動規範を学ぶ。

単語の意味に加えてセットフレーズとしてよく使われるものは
※の後にフレーズと、その意味を掲載している

maker　Westernland Housing has great partnerships with small furniture makers.　製造業者　※極小規模な手工業的製造業者　ウエスタンランドハウジング社は、小さな家具メーカーと素晴らしい連携を保っている。

日本語にぴったりの訳語がない場合は※の後に解説を加えている

tactics　Ms. Bell skillfully employed negotiating tactics in her sales meetings.　（個々の）戦術　※複数形で使用　ベルさんは、営業会議で巧みな交渉戦術を用いた。

strategy（戦略）は長期的な視点で、ある目的を達成させるための技術
tactics（戦術）は具体的な敵に勝つための技術
measurs〔複数形〕（対策／方策）は具体的な問題を解決するための対策

補足説明　注意すべき類語やコロケーション（連語）がある場合は
見出し語の下、もしくはページの下に記載している

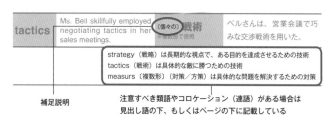

tap　In the United Kingdom there are usually separate taps for hot and cold water.　（水道などの）蛇口　※ tap は主に〈英〉、faucet は〈米〉、〈カ〉。水道水はどちらも tap water　イギリスでは、通常温水と冷水が別々の蛇口になっている。

英米語、その他外国語などの表記は、アメリカ=〈米〉、
イギリス〈英〉、カナダ〈カ〉、フランス〈仏〉としている

6

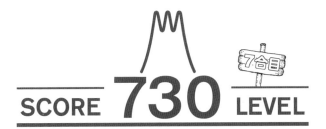

SCORE **730** LEVEL

7合目

名 詞

accuracy	Ms. Narumai's typing accuracy is exceptional.
aircraft	Ukebe Engineering specializes in designing parts for use in aircraft.
aisle	The Melvlex Travel's suitcase is narrow enough to drag down the airplane aisle.
assembly	Ms. Anderson's model airplane kit came with clear instructions for assembly.
assurance	Western Land Housing provided assurances that the work would be done on time.
banquet	With celebrities in attendance, the atmosphere was very lively at the Mom's Choice anniversary banquet.
bill	Please find the enclosed bill totalling $200 for order Number 555-990.
booth	Ms. Bailey arrived at the trade show early to start setting up the booth for Troy Tech Inc.
broom	Some staff members volunteered to sweep the road in front of our office with a broom.

正確さ	成舞_{なるまい}さんのタイピングの正確さは、格別である。
航空機	浮辺エンジニアリングは、航空機で使用する部品の設計を専門としている。
通路	メルブレックストラベルのスーツケースは、飛行機の通路を通るのに十分スリムになっている。
組み立て	アンダーソンさんの飛行機のモデルキットには、明確な組み立て手順が付属していた。
断言すること	ウエスタンランドハウジングは、作業が予定どおりに行われると断言した。
夕食会	有名人の出席で、ママズチョイスの周年記念の宴会の雰囲気は、とても賑やかだった。
請求書 ※ invoice も同じ check は主にレストラン	同封した注文番号 555-990 の、合計 200 ドルの請求書を、ご確認ください。
〔展示会などの〕 ブース	ベイリーさんは、トロイテック社のブースの設置を開始するために、展示会に早く到着した。
ほうき	何人かのスタッフが、ボランティアでオフィスの前の道路をほうきで掃除している。

budget	Michigami Metal increased their research and development budget this year.
bulk	On Kyobashi Mate's website, if you buy 10 or more of the same item, you can get a bulk discount.
candidate	Mr. Cronin interviewed several job applicants before selecting the successful candidate.
circumstance	Space Tech's new rocket can be launched under almost any circumstances.
client	Ms. Xiao is one of our most valuable clients.
clinic	Melvlex delivers medical equipment to most dental clinics in Chiba.
closure	Iwamoto Marin Tech Co. opened a new larger factory after the closure of their old one in Nagoya.
colleague	Ms. MacLeod met two of her colleagues at the company party.
commuter	Commuters are thrilled with Kyobashi Station, where renovation work has been completed and congestion resolved.
comparison	Goods and Gadgets Magazine draws comparisons between similar products and makes purchase recommendations.

予算	道上メタルの研究開発予算が、今年増額された。
まとめ	キョウバシメイトの EC サイトでは、同じ商品を 10 個以上買うと、まとめ買い割引が適用される。
求職者	クローニンさんは、最終選考者を選ぶ前に何人かの求職者と面接をした。
状況	スペーステックの新しいロケットは、ほぼ全ての状況で打ち上げることができる。
得意先〔顧客〕	ショウさんは、最も大切な得意先のうちの一人だ。
医院	メルブレックスは、千葉のほとんどの歯科医院へ医療機器を納めている。
閉鎖	岩本マリンテック社は、名古屋の旧工場が閉鎖された後、より大きな工場を新設した。
同僚	マクロードさんは、社内パーティで彼女の二人の同僚に会った。
通勤者	京橋駅の改修工事が完了し、混雑が大幅に解消されたことに通勤者は感激した。
比較	グッズ&ガジェット誌は、類似製品を比較し、買うべき製品を勧めている。

completion	The skyscraper being built by Kitano Chuo Construction is nearing completion.
conduct	New employees in Sho Kitchen Service learn the company's code of conduct during the training.
conference	Mr. Tokunaga traveled to Europe for an annual sales conference.
confidence	Ms. Hanyu has a high degree of confidence that the project will finish on time.
construction	The construction of the new factory will be completed next year.
contract	Star Connect Co. signed a new contract with their supplier.
coupon	A coupon for ten percent off the next purchase can encourage returning customers.
crop	Due to good weather, this year's crop yields were much higher than the previous year.
deadline	The deadline for submitting the application form is tomorrow.
deal	Wollflex's co-development deal is quite attractive.

完成	北野中央建設が建設中の超高層ビルは、完成間近だ。
行動 ※ code of conduct は行動規範	ショーキッチンサービスの新入社員は、研修期間中に会社の行動規範を学ぶ。
会議	徳永さんは、毎年恒例の販売会議のためにヨーロッパを訪れた。
自信	羽生さんは、そのプロジェクトが期限通りに完了するだろうという強い自信を持っている。
建設	新工場の建設は、来年完了するだろう。
契約	スターコネクト社は、仕入れ先と新たな契約を結んだ。
割引購入券	次回購入時に使える 10% 引の割引購入券は、リピート顧客を増やすことができる。
穀物	天候が良かったので、今年の穀物の収穫量は前年よりずっと多かった。
期限〔締め切り〕	申込書の提出期限は明日だ。
取引条件	ウォルフレックスの共同開発の取引条件は、とても魅力的だ。

delay	Western Land Housing completed the job without delay.
demand	The demand for electric cars has been increasing for the last 5 years.
department	Inquieries about Star Connect's new phone service were transferred to the sales department.
description	The rocking chair that was delivered matched the online description perfectly.
destination	Ms. Wakatsuki transited twice before reaching her final destination.
detail	Troy Tech's factory workers need to know all the details of this machine.
drawing	Ms. Moc from the product development department brought a drawing of the mobile phones to be released next quarter.
drug	This drug requires a prescription for purchase.
duration	The duration of this flight is six hours.
employee	Hasegawa & Co. is a small company with only three employees.

遅滞	ウエストランドハウジングは、遅滞なく仕事を終えた。
需要	電気自動車の需要は、過去5年間増加している。
〔企業の〕部、事業部	スターコネクトの新しい電話サービスに関する問い合せは、営業部に回された。
記述	配達されたロッキングチェアは、ネットでの記述と完全に一致していた。
〔人や物が向かう〕目的地	若月さんのフライトは、最終目的地に到着するまでに2回の乗り換えがあった。
詳細	トロイテックの工場作業者は、この機械の全ての詳細を知っておく必要がある。
図面	製品開発部門のモックさんは、次の四半期にリリースされる予定の携帯電話の図面を持ってきた。
薬	この薬を買うためには、処方箋が必要だ。
継続時間	このフライトの所要時間は、6時間だ。
従業員	ハセガワアンドカンパニーは、従業員3名の小さな会社だ。

engagement	Enhancing corporate engagement among employees is a critical issue.
equipment	Igarashi Machinery carries all the latest equipment for 3D printing.
expiration	Metropolitan Cable TV is waiving handling charges if subscribers upgrade their current service before the expiration date.
fabric	Chuo Textile announced that they will launch a new coat this winter, which is made of a special fabric with excellent water resistance.
facility	Muller Software Service's research and development department utilizes a state of the art test facility.
fame	Ms. Tanaka's fame as an Olympic athlete makes her an excellent spokesperson for Sport Threads Inc.
finding	HSG research institute's survey findings show that carbonated drinks are most popular among teenagers.
footwear	Kobe has attracted worldwide attention as a place for producing excellent footwear.
identification	Official identification is required in order to enter the premises.
industry	The pet food industry should prioritize dog health over profit.

〔仕事への〕 **関与**	従業員の会社への関与を高めることは、重要な問題だ。
機器	五十嵐マシーナリーは、3D プリントの最新機器を全て取りそろえている。
満期	メトロポリタンケーブル TV は、加入者が現在のサービスを有効期限までにアップグレードした場合、手数料を免除している。
生地 （き じ）	中央テキスタイルは、耐水性に優れた生地を使ったコートを、この冬に販売すると発表した。
施設	ミュラーソフトウェアサービスの研究開発部門は、最新鋭のテスト施設を利用している。
知名度	田中さんはオリンピックアスリートとしての知名度から、スポーツスレッド社の優れた広報担当者になっている。
調査結果 ※通常は複数 findings で使う	HSG リサーチインスティテュートの調査結果から、炭酸飲料は 10 代の若者に最も好まれていることが示されている。
履き物	神戸は、素晴らしい履き物の生産地として世界の注目を集めている。
身分証明	敷地内に入るには、正式な身分証明書が必要だ。
業界	ペットフード業界は、利益よりも犬の健康を優先すべきである。

ingredient	Fuji Food Service's products do not contain any artificial ingredients or preservatives.
institute	Ms. Bell works at an environmental research institute.
interval	Goro Tech's factory workers get breaks at regular intervals.
latter	Both products and people are important to Goro Tech, but it's the latter that sets them apart from the competition.
lawn	This office park at the headquarters of Tellyatlas Co. features an expansive lawn.
luggage	The porter of the Maurizia Hotel took Mr. Matsui's luggage up to his room.
maker	Westernland Housing has great partnerships with small furniture makers.
manufacturer	Pet World is a leading manufacturer of cat toys.
measure	Mr. McCarthy considers safety measures first and foremost when designing rockets.
merchandise	Merchandise from the music festival earned more revenue than ticket sales.

〔特に料理の〕**材料**	富士フードサービスの製品には、人工成分や保存料は含まれていない。
研究所	ベルさんは、環境調査研究所で働いている。
〔時間的〕**間隔**	ゴローテックの工場労働者は、定期的に休憩を取っている。
後者	ゴローテックにとって製品も人も重要だが、競合他社との違いは後者にある。
芝生	テリーアトラス社の本社にあるこのオフィスパークには、広大な芝生がある。
荷物	マウリッツィアホテルのポーターが、松井さんの荷物を部屋まで運んだ。
製造業者 ※極小規模な手工業的製造業者	ウエスタンランドハウジング社は、小さな家具メーカーと素晴らしい連携を保っている。
製造業者 ※主に大規模な大量生産。日本語の「メーカー」はこちら	ペットワールドは、猫のおもちゃのトップメーカーだ。
対策	マッカーシーさんは、ロケットを設計する時に、何よりもまず安全対策を検討する。
〔商品などの〕**物販**	音楽祭の物販は、チケット販売よりも多くの収入を得た。

motorcycle	This parking area is reserved for motorcycles.
newsletter	The quarterly newsletter is now published online only.
obligation	It was not an obligation for Conor Motors sales staffs to be No. 1 in sales in Georgia but, they actually were.
opportunity	The internship gave Mr. Yamada a good opportunity to learn about the film industry.
packet	Doggyland dog food comes in easy to open single-serving packets.
panel	Ms. McEntire spoke on a panel addressing climate change.
participant	Every participant in the product trial receives a fifty dollar gift card as a token of appreciation.
patron	Ever since Little India Restaurant opened, Mr. Wakatsuki has been a regular patron.
portion	A portion of the proceeds from this product line goes to charity.
preference	Melvlex mugs are available in 20 colors to suit consumer preferences.

オートバイ	この駐車場は、オートバイ専用だ。
会報	季刊の会報は、オンラインでのみ発行されるようになった。
義務	ジョージア州で1位の売上を獲得することは、コナーモーターズの営業担当者の義務ではなかったが、結果的には実現した。
良い機会	インターンシップは、山田さんに映画業界について学ぶ良い機会を与えてくれた。
小袋	ドギーランドのドッグフードは、開封が簡単な1食分の小袋で提供される。
討論会	マッケンタイアさんは、討論会で気候変動について話した。
参加者	50ドルのギフトカードを、製品モニター参加者全員に薄謝として進呈する。
常連客	リトルインディアレストランがオープンして以来、若月さんは常連客だ。
一部	この製品ラインの収益の一部は、慈善団体に寄付される。
好み	メルブレックスのマグカップは、消費者の好みに合わせて 20 種類の色から選べる。

prescription	Greigebit Co. is developing software to automatically transfer prescriptions to pharmacies.
profit	We can meet our profit goal if we secure the contract with this company.
promise	Our new recruit is learning quickly and shows great promise.
property	The computer I use for work is company property.
proposal	The merger proposal between Melvlex and Montelia was agreed upon by both parties.
providers	Internet service providers are a critical part of cyber security.
publication	Most scientific publications are now being converted to online subscriptions.
questionnaire	While creating questionnairs, Mr. Smith says he comes up with ideas for new products.
railing	The staircase featured a curved railing.
reception	Mr. Smith said that his new mobile phone has better reception than the one he had before.

処方箋	グレージュビット社は、処方箋を自動的に調剤薬局へ転送するソフトウェアを開発中である。
利益	この企業と契約を確保できれば、私たちは利益目標を達成できるだろう。
有望	我が社の新入社員は、飲み込みも早く有望である。
所有物	私が仕事で使うコンピューターは、会社の所有物だ。
提案	メルブレックスとモンテリアの合併の提案は、双方によって合意された。
プロバイダー〔供給者〕	インターネットサービスプロバイダーは、サイバーセキュリティの重要な一部である。
〔本・雑誌などの〕**出版**〔物〕	ほとんどの科学出版物は、現在オンラインでの購読に変わりつつある。
アンケート	スミスさんは、アンケートを作成している時に、新製品のアイデアを思いつくと言う。
手すり、ガードレール、さく、垣	その階段には、湾曲した手すりがついていた。
〔電波などの〕**受信状態**	スミスさんは、彼の新しい携帯電話は以前持っていた携帯電話よりも受信状態が良いと言った。

refreshment	Refreshments are served at the end of the Tachikawa Healthcare product briefing session.
register	The accountant maintained a detailed register.
replacement	The one-year warranty guarantees repair or replacement at no charge.
representative	Representatives from several companies will be at the conference.
retail	Many retail shops around Harajuku are crowded with young people all year.
reward	Participants in Troy Confectionery Road Race believe that winning is the best reward.
roadway	Tele Malion's front roadway is under repair.
scale	Wollflex operates a large scale production facility in the United States.
seeking	The seeking for Banno Auto Teck's to achieve higher productivity is well known in the industry.
signature	The president of Aoyama Real Estate always uses a fountain pen for his official signature.

軽食	立川ヘルスケアの商品説明会では、最後に軽食が提供された。
記録	その会計士は、詳細な記録を管理した。
交換	1年保証により、無料で修理または交換が保証される。
代表者	複数の企業の代表者が、会議に参加する。 ※ TOEIC® では a sales representative（営業代表者）がよく出る
小売り	原宿周辺の多くの小売店は、1年を通じて買い物をする若者で混雑している。
報償	トロイコンフェクショナリー主催のロードレース参加者は、勝利することが何よりの報償と考えている。
車道	テレマリオンの正面道路は、復旧工事中だ。
規模	ウォルフレックスは、米国で大規模な生産施設を運営している。
探求	より高い生産性を実現するためにバンノオートテックが探求をするのは、業界でも有名だ。
署名、サイン	青山不動産の社長は、正式なサインにはいつも万年筆を使っている。

slogan	Though short and memorable, Mom's Choice Co.'s slogan reflects its focus on the environment.
transition	Troy Tech is helping their clients transition to 5G technology.
vehicle	Electric vehicles are becoming more common.
warranty	Melvlex's products come with a one year warranty, but customers can also choose a five-year extended warranty.
wheelbarrow	There is a wheelbarrow propped against the wall.
willingness	Mr. Tokunaga's inspiring speech boosted everyone's willingness to work harder.

他動詞

accommodate	Greigebit's accounting packages can accommodate most customer needs.
acknowledge	Mr. Smith's various contributions to his company were acknowledged by his colleagues at his retirement party last night.
acquire	Western Land Housing Co. was able to acquire a vast property on the outskirts of Ventura.

スローガン	マムズチョイス社のスローガンは、短くて印象的であるが、環境への関心を反映している。
移行	トロイテックは、顧客が 5G テクノロジーに移行するのを支援している。
自動車	電気自動車は、より一般的になってきている。
保証	メルブレックスの製品には、1 年間の保証が付いているが、5 年間の延長保証も選択できる。
手押し一輪車	手押し一輪車が壁に立てかけられている。
〔積極的に〕 **～すること**	徳永さんの人を奮起させるスピーチは、皆の労働意欲を高めた。

〔要望に〕**対応する**	グレージュビットの会計ソフトは、ほとんどの顧客ニーズに対応できる。
認める	スミスさんの会社へのさまざまな貢献は、昨晩の退職パーティーで同僚から認められた。
入手する	ウェスタンランドハウジング社は、ベンチュラの郊外に広大な土地を入手できた。

allow	Taking company laptops out of the office is not allowed.
approve	Goro Tech's senior management all approved of the new product design.
assemble	Kyobashi Furniture chairs are easy to assemble using the enclosed step-by-step instructions.
attend	Ms. Hibi is attending a San Francisco High-tech Conference in September.
cease	These materials will soon cease to be used since they are not environmentally friendly.
combine	By combining the resources of our two teams, we were able to meet the deadline.
convey	Tex Acute Co. conveys information about their new products through PR agencies.
convince	Ms. Cronin convinced the interviewer that she would be right for the job.
decline	As capital expenditures decline, the company is able to invest more in online advertising.
define	The requirements for the new website were clearly defined by the client.

許す	会社のラップトップを社外に持ち出すことは、許可されていない。
承認する	ゴローテックの上級管理職全員が、新商品の設計を承認した。
組み立てる	京橋家具の椅子は、同梱の手順書により簡単に組み立てられる。
出席する	日比さんは、9月にサンフランシスコのハイテク会議に出席する。
～することを止める	環境にやさしくないこれらの材料は、まもなく使用されなくなるだろう。
組み合わせる	2つのチームのリソースを組み合わせることで、締め切りに間に合わせることができた。
〔情報などを〕 **伝える**	テキサキュート社では、PR代理店を通じて新製品に関する情報を伝えている。
確信させる	クローニンさんは、面接官に対して彼女こそその仕事にふさわしいと確信させた。
減少する	設備投資が減少すると、同社はオンライン広告への出資を増やすことができる。
明示する	新しいWebサイトの要件は、顧客によって明示された。

deposit	You need to pay a deposit when you book a tour for Europe.
describe	The jam label described the flavor profile of the strawberries.
donate	Any amount employees chose to donate to charity will be matched by the company.
encourage	Mr. Nagata is encouraged by the improving sales figures.
expand	Chinen Tech Co. is planning to expand their business into Asia.
exploit	By relying more on recycled materials, Chuo Textile Co. does not need to exploit natural resources to produce their products.
expose	The southwest side of Wollstone's headquarters building is warmer since it's exposed to more sun.
extend	Extending the capabilities of staff members is an important task of management.
extract	New technologies enable extracting oil and gas from deep underground.
forecast	Fuji Entertainment is forecasting double digit growth next quarter.

〔手付金を〕**支払う**	そのヨーロッパ行きツアーは、予約の際に手付金の支払いが必要だ。
書く〔表現する〕	ジャムのラベルには、イチゴの香りの特徴が書かれている。
寄付する	従業員が慈善団体に寄付する寄付金は、会社側で支払い先が決められる。
励ます	永田さんは、売上高の増加に励まされている。
〔~に〕**進出する**	チネンテック社は、ビジネスをアジアに進出させる予定だ。
〔天然資源などを〕**無駄遣いする**	再生材料をもっと使用することで、中央テキスタイル社は、天然資源を無駄にすることなく製品の生産を行える。
〔日光などに〕**さらす**	ウォルストンの本社ビルの南西側は、より多く日光にさらされているため、より暖かくなっている。
〔能力などを〕**伸ばす**	スタッフの能力を伸ばすことは、管理業務の重要な仕事だ。
抽出する	新しい技術により、地下深くから石油とガスを抽出することができる。
予測する	フジエンターテイメントは、次の四半期に二桁の成長を予測している。

generate	This year's charity concert, hosted by Troy Tech, attracted a large audience and was able to generate a great deal of revenue.
grant	Tauranga city granted a permit for the construction of a new school.
hire	Muller Software Service needs to hire the best people for product development.
indicate	The stock price analysis report indicates that Wollflex stock is a good investment.
involve	Dr. Jones, who is involved with Troy Tech's development team, will hold a press conference on television tonight.
issue	New ID badges will be issued to all Melvlex employees next month.
mention	The report mentioned that we invested our resources in a few profitable projects last quarter.
modify	Troy Tech modified their original market projections based on the strong earnings report.
motivate	The salespeople at Conner Motors were highly motivated when they found out that they had top sales in the industry.
mow	Mr. Johnson asked his son to mow the lawn.

生み出す	トロイテックが主催した今年のチャリティコンサートは、多くの聴衆を魅了し、大きな収益を生み出すことができた。
〔権利などを〕 **許可される**	新しい学校の建設は、トーランガ市から許可された。
雇う	ミューラーソフトウェアサービスは、新製品開発のために最適な人たちを雇う必要がある。
示す	株価分析レポートは、ウォルフレックス株に投資する価値があることを示している。
招く	トロイテックの開発チームに招かれたジョーンズ博士は、今夜テレビで記者会見を開く予定だ。
発行する	新しいIDバッジが、来月メルブレックス社の全従業員に発行される。
述べる	レポートには、前四半期にいくつかの収益性の高いプロジェクトに経営資源を投じたことが述べられている。
修正する ※ amend は主に公式文書を修正するのに対し、modify は文書、物を部分的に変更（改善）する	トロイテックは、増収報告により、当初の市場予測を修正した。
やる気にさせる	コナーモーターズの営業マンは、売上が業界ナンバーワンであると知って、とてもやる気になった。
～を刈る	ジョンソンさんは、息子に芝を刈るように頼んだ。

overlook	The Greigebit product development team was careful not to overlook any details in the proposal.
persuade	A compelling product makes it easy to persuade potential customers.
picture	Mr. Keenan described his home country in such detail that Ms. Sasai could easily picture what it must be like.
place	Wollstone placed an order for 100 new parts from the supplier.
possess	Troy Construction Co. possesses technology that boosts productivity.
purchase	The Greigebit Inc. administration department purchased wireless headphones for all employees.
pursue	In designing the new product they pursued a strategy of minimalism.
push	Tennyson Co. is pushing a new product into the market.
relieve	This drug may relieve severe back pain, so give it a try.
renovate	The lobby at Ping Rig Software has been renovated and is reputed to be simple but very cozy.

見落とす ※ look over は見渡す	グレージュビット製品開発チームは、提案の あらゆる細部の見落としがないよう注意を 払った。
説得する	魅力的な製品は、潜在顧客を容易に説得する。
～を頭に描く	キーナンさんが母国について詳しく説明したので、笹井さんは容易にそれを思い描くことができた。
発注する	ウォルストンは、仕入れ業者に新しい部品100個を発注した。
〔技術などを〕持つ	トロイコンストラクション社は、生産性を向上させる技術を持っている。
購入する	グレージュビット社の総務部は、全職員のために無線ヘッドフォンを購入した。
～を追求する	新製品の設計において、彼らはミニマリズムの戦略を追求した。
〔商品などを〕売り込む	テニソン社は、市場に新製品を売り込んでいる。
やわらげる	この薬は、君の背中の激しい痛みをやわらげるかもしれないので、試してみて。
改装する	ピングリグソフトウェアのロビーは、改装されシンプルだがとても居心地がいいと評判だ。

restore	HSG Speed's historic racecar has been completely restored and put up for exhibition.
resume	Wollstone's factory resumed and started their operations after the upgrades were completed.
reveal	The winners of the new contract bids will be revealed tomorrow.
review	Mr. Thomson is reviewing Mr. Cohen's proposal on the sales promotion.
run	Tennyson Co. has decided to run TV commercials over the next year.
secure	Pet World Co. has secured a booth for the upcoming trade show.
store	West Marine Service will store the beach merchandise in a warehouse during the winter.
suppose	This plan supposes that we meet our sales target.
suspend	Regular fees are suspended during the trial period.
urge	Our manager urged us to submit a marketing plan by tomorrow.

復元する	HSG スピード社の歴史的なレーシングカーは、完全に復元され展示会に出品される。
再開する	ウォルストンの工場は、改良が完了した後、操業を再開する。
明らかにする	新しい契約入札の勝者は、明日明らかにされる。
検討する	トムソンさんは、コーエンさんの販売促進に関する提案を検討している。
〔広告を〕**流す**	テニソン社では、今後 1 年間にわたりテレビコマーシャルを流すことが決まった。
確保する	ペットワールド社は、次に開催されるトレードショーのブースを確保した。
保管する	ウエストマリンサービスは、海水浴の関連商品を冬期は倉庫に保管するつもりだ。
仮定する	この計画は、販売目標が達成できると仮定している。
一時停止する	試用期間中は、通常の料金が一時停止される。
〔人に～するよう強く〕 うなが **促す**	マネージャーは、明日までにマーケティング計画を提出するよう我々を促した。

自動詞

consist	Ms. Vanderbilt's work day usually consists of important meetings and conducting training workshops.
consult	Mr. Cooper consulted with his sales team before presenting the marketing proposal.
contribute	Well designed packaging contributes to a positive user experience.
convert	Porta-Sol's solar panels can convert up to 25% of the sun's energy into electricity.
dispose	Since Troy Tech's new large screen phone was so popular, they disposed of their earlier plans to update their smaller model.
distribute	New ID badges have been distributed to all employees at this facility.
enroll	Ms. Wong plans to take a long leave of absence next year to enroll in graduate school.
incline	Our customers are inclined to renew their contracts with us rather than search for new suppliers.
merge	Hasegawa Publishing will merge with Shibata Printing next month.

〜から成り立つ	バァンダービルトさんの勤務日は、通常重要な会議とトレーニングワークショップの管理で成り立っている。
相談する	クーパーさんは、マーケティングの提案を行う前に営業チームに相談した。
貢献する	適切に設計されたパッケージは、ユーザーエクスペリエンスの向上に貢献する。
変換できる	ポルタソルのソーラーパネルは、太陽エネルギーを最大 25%電気に変換できる。
破棄する	トロイテックの新しい大画面携帯は、非常に人気があったため、小さい方のモデルを更新するという当初の計画は破棄された。
〜を配布する	この施設の全ての従業員に、新しい ID バッジが配布された。
入学する	ウォンさんは、来年長期休暇をとって大学院に入学する計画だ。
傾向がある	当社の顧客は、別の供給元を探すより、むしろ当社との契約を更新する傾向がある。
〔会社などが〕 **合併する**	長谷川出版は、柴田印刷と来月合併する。

☐☐☐	**participate**	All employees of Nagata Machinery are encouraged to participate in a productivity enhancement workshop.
☐☐☐	**result**	Ms. Kubota's success resulted from her years of hard work.

形容詞

☐☐☐	**annual**	The annual shareholder meeting went very well.
☐☐☐	**apparent**	It's apparent that the renewable energy market is growing.
☐☐☐	**appropriate**	Montelia's procurement department ordered the appropriate amount of supplies for the job.
☐☐☐	**assorted**	At the Mikami Antique's Christmas Party, an assored chocolates were given to each employee.
☐☐☐	**available**	Further information will be available on Troy Tech's web site.
☐☐☐	**biannual**	Moto Power's biannual research report will be published in a month.
☐☐☐	**brand-new**	The advanced IT company, Tex Acute Co., moved to a brand-new building in San Jose recently.

参加する	永田機械の従業員全てが、生産性向上ワークショップに参加することを奨励されている。
〔結果として〕 生まれる	久保田さんの成功は、長年の努力の結果として生まれた。

年次の	年次株主総会は、非常にうまくいった。
明らか	再生可能エネルギー市場が成長しているのは、明らかである。
適切な	モンテリアの調達部門は、その仕事に見合った供給品の注文をした。
詰め合わせの	三上アンティークのクリスマスパーティでは、毎年社員にチョコレートの詰め合わせが、プレゼントされる。
利用できる	より詳しい情報は、トロイテックのウェブサイトで利用可能だ。
半年ごとの	モトパワー社の半年ごとの調査レポートは、1か月後に発行される。
真新しい	先端IT企業であるテックスアキュート社は、最近サンノゼの真新しいビルに引っ越した。

familiar	Sales executives must be familiar with the products they sell.
fluent	Ms. Sanderson can speak five languages, and is fluent in English, Japanese, and French.
genuine	Miura C & H's products look a little expensive, but they are all genuine leather, and very durable.
initial	Troy Tech Co. states that the initial cost for the installation service is 1,000 dollars, and operating costs are 150 dollars per year.
intended	The ES-550 camera is intended for beginners, and is easy to use.
knowledgeable	The production team for LA Radio's child education program has a wealth of knowledgeable people.
lead	Ms. Miura insists that creating compelling designs is critical for leading the fashion industry.
mutual	Melvlex and Montelia reached a mutual agreement on the merger strategy.
native	Though not native to North America, dandilyons can be found throughout the United States.
noted	Ms. Patterson is one of the most noted journalists in the country.

精通している	営業幹部は、販売する製品に精通している必要がある。
堪能<ruby>た<rt>んのう</rt></ruby>な	サンダーソンさんは、5つの言語を話せて、英語、日本語、フランス語に堪能だ。
純正品の	ミウラ C&H の製品は、少し高いように見えるが、全て純正皮革を使い耐久性にも優れている。
初期の	トロイテック社は、その設置サービスには初期費用として 1000 ドル、維持費に年 150 ドルかかると提示した。
〜向けの 〔販売などの対象とする〕	ES-550 カメラは、初心者向けで使いやすい。
知識豊富な	LA Radio の子供教育プログラム制作チームには、知識豊富な人材がいる。
リードする	三浦さんは、ファッション業界をリードしていくためには常に魅力的なデザインを創り続けることが、重要だと主張している。
相互の	メルブレックスとモンテリアは、合併戦略について相互に合意した。
原産 〔在来種〕**の**	北米原産ではないが、タンポポは米国のどこでも見られる。
著名な	パターソンさんは、その国で最も著名なジャーナリストのうちの一人だ。

outgoing	The host of the party, Mr. Smith, has always been an outgoing person.
outstanding	With no outstanding debts, Mr. Inoue has excellent credit.
partial	Iwamoto Marine Tech was only able to make a partial shipment to the client because the order was so large.
present	Mr. Carrick said he would leave the requested documents on the desk if Ms. Beck was not present.
prominent	Dr. Keenan is a prominent engineer in computer search engine algorithms.
promotional	Keenan Pix will have a promotional meeting with clients next week.
prone	Since the corners of the bag are prone to damage, Ms. Samejima decided to add reinforcements.
quarterly	The quarterly magazine published by Maui Fresh Bevelage has been available throughout Hawaii for more than 20 years.
relative	Relative to their competitor's products, Melvlex Co.'s offerings are quite affordable.
several	Cal Outdoor Service provided a nature study camp that Winton High School students participated in several times this year.

社交的な	パーティーの主催者であるスミスさんは、常に社交的な人物だ。
未払いの	井上さんは未払いの借入がないので、とても信用のある顧客だ。
部分的な	注文が多すぎたため、岩本マリンテックは、分割出荷しなければ顧客に送れなかった。
そこにいる	キャリックさんは、ベックさんがいなければ、依頼された書類をデスクに置いておくと言っていた。
傑出した (けっしゅつ)	キーナン博士は、コンピュータ検索エンジン理論において傑出した技術者だ。
販促の	キーナンピクスは、来週顧客とプロモーション（販促）のミーティングを行う。 ※本来マーケティングの promotion は advertising（宣伝）、public relations（広報）、sales promotion（販売促進）の3つで構成される
〜しやすい	そのバッグの角は傷みやすいので、鮫島さんは、補強材を付けることにした。
季刊の／年4回の	マウイフレッシュビバレッジが発行する季刊誌は、20年以上にわたりハワイ全域で購読可能だ。
比べて〔相対的に〕	メルブレックス社の製品は、競合他社の製品に比べてとても手に入れやすい。
何回か	キャルアウトドアサービスは、ウィントン高校の学生が今年何回か参加した自然観察キャンプを提供した。

solid	Metropolitan Cable TV only deals with advertising agencies with solid performance records.
sound	Wollstone's success was attributed to the sound judgement of its CEO.
steep	The best sightseeing in the Swiss Alps is a cable car that goes up a steep track.
tentative	Mr. Robinson told Ms. James that the latest meeting schedule was tentative and would be confirmed by tomorrow.

副　詞

approximately	It takes approximately 6 hours to drive between Los Angeles and San Francisco.
barely	Goro Tech barely had to use any of its savings, despite the major expansion.
consistently	Ms. Portman consistently claimed the importance of her research.
currently	European Deli Co. currently has stores throughout Asia, but may expand into North America next year.
evidently	Troy Tech's mobile phones evidently last longer than those of their competitors.

信頼のおける	メトロポリタンケーブル TV は、実績のある広告代理店だけと取引している。
健全な ※ stout は人や物がどっしりとして丈夫	ウォルストーンの成功は、CEO の健全な判断によるものだった。
〔勾配が〕急な	スイスアルプス観光の目玉は、急な斜面を上る登山列車だ。
ざんていてき 暫定的な	ロビンソンさんは、ジェームズさんに最新の会議スケジュールは暫定的なものであり、明日までに確認できるだろうと言った。

〔時間・数量などが〕 約	ロサンゼルスからサンフランシスコまでは、車で約 6 時間かかる。
かろうじて〔~する〕	大幅な拡張にも関わらず、ゴローテックは貯蓄をかろうじて使わずに済んだ。
一貫して	ポートマンさんは、一貫して彼女の研究の重要性を主張した。
現在〔のところ〕	ヨーロピアンデリ社は、現在アジア全域に店舗を構えているが、来年は北米に進出するだろう。
明らかに	トロイテックの携帯電話は、競合他社に比べて明らかにバッテリーが長持ちする。

definitely	Mr. Sakanoue is definitely one of the best sales representatives in Montelia Co. and has won several awards.
extremely	Ms. Zheng was extremely grateful for the promotion.
furthermore	Green technology is a growing market, it improves brand image; and furthermore, it's good for the environment.
individually	Fuji Foods reduced their packaging by limiting the products that are individually wrapped.
probably	Mr. Smith is optimistic he'll probably be able to close the deal by the end of the month.
relatively	Western Land Housing went public in a relatively short amount of time.
roughly	The land area of Japan and state of Montana are roughly the same.
typically	Most securities companies are typically located in financial districts like the City of London or Wall Street in NYC.

前置詞

throughout	Montella Motors, one of Los Angeles' largest car dealers, has branches throughout Southern California.

間違いなく	坂上さんは、間違いなくモンテリア社の最高の営業担当者の一人であり、賞をいくつか受賞している。
非常に	テイさんは、昇進に非常に感謝していた。
〔なお〕**その上**	環境保全技術は成長市場であり、ブランドイメージを向上させる上に環境にもやさしい。
個別に	フジフーズは、個別に包装する商品を制限することにより包装を削減した。
〔～できる〕**だろう**	スミスさんは、月末までには契約を結ぶことができるだろうと楽観視している。
比較的	ウエスタンランドハウジングは、比較的短時間で上場した。
だいたい	日本とモンタナ州の面積は、だいたい同じである。
通常	ほとんどの証券会社は、通常、ロンドンのシティやニューヨーク市のウォール街のような金融街にある。
全域に	ロサンゼルス最大の自動車ディーラーの1つであるモンテラモーターズは、南カリフォルニア全域に支店を持っている。

フレーズ

a couple of	The new factory plan for Chuo Textile was announced a couple of weeks ago.
appliance manufacturer	Many electric appliance manufacturers are still in the Keihin area.
as of	As of June 30, Minnesota Broadcasting's second-quarter sales were much better than many analysts had expected.
be struck by	The audience was struck by Ms. Michelle's speech on how to drive innovation.
billing statement	Cable Tech customers can opt to receive their billing statements either in the mail or electronically.
give one's thought	Please give your thoughts on the promotional plans for this product.
hand out	Ms. Homma handed out questionnaires after her sales education class.
in person	One of the options to buy tickets for a performance at the Tokyo Theater Company is to purchase in person at the box office.
job opening	From the description, the job-opening looked very attractive.

〔主に〕**2** ※ 3 のこともある。2 だけという説も	中央テキスタイルの新工場設立計画が、2 週間前に発表された。
電化製品メーカー	京浜地区には、今でも数多くの電気製品メーカーが、集まっている。
時点の	ミネソタ放送の 6 月 30 日付の第 2 四半期の売り上げは、多くのアナリストが予想していたよりずっと良かった。
～に感銘を受ける	聴衆は、ミシェルさんの革新を起こす方法に関するスピーチに感銘を受けた。
請求明細書	ケーブルテックの顧客は、請求明細書を郵送または電子形態で受け取るかを選べる。
考えを述べる	この製品の販売促進計画について、あなたの意見を聞かせてください。
配る	本間さんは、彼女の営業教育の講義の後にアンケートを配った。
<ruby>直<rt>じか</rt></ruby>**に**	東京シアターカンパニーの公演のチケットを購入する選択肢の一つは、チケット売り場で直に購入することだ。（ネット購入だけでなく）
求人	募集要項からその求人は、とても魅力的に見えた。

month-to-month	Advertising placement volume is reflected in month-to-month sales.
point out	Mr. Garcia pointed out the advantages their drill has over competing products.
prior to	Mr. Bogle conducted a brief survey on musical preferences prior to interviewing potential candidates.
right away	The message from Popurelex Co. says that after confirming the inventory, they will notify us of the delivery date right away.
talk over	Vell Co. arranged to talk over the plan we presented.

月ごとの	広告の出稿量は、月ごとの売上に反映される。
指摘する	ガルシアさんは、彼らの新しい訓練は彼らの競争相手のものより利点があると指摘した。
〜の前に	ボーグルさんは、候補者に面接する前に音楽の好みについて簡単な調査を行った。
すぐに	ポピュアレックス社からのメモによると、在庫確認後すぐに納期を知らせてくれる。
〜について話す	ベル社は、我々が提示した計画について話し合えるよう手配した。

英語のテストにはTOEIC®の他にTOEFL、英検、IELTSなどがあります（現在はTEAPやVERSANTなども企業で使用されるようになりました）。より効率よく高得点を取るために他の試験との違いを理解しておきましょう。

　日本でこれまで圧倒的に人気のあったのが英検です。当時の文部省が主導して作り、青少年（主に学生）に学習目標を与え意欲を高めるために作られたとされています。外国で仕事をする社員の英語力を評価するためにも利用されていましたが、アメリカの文化や歴史、学術的なことまで幅広く評価される英検は仕事の英語力を評価するにはあまり合理的ではありませんでした。英検の元ネタは実際の新聞などの記事の場合があります。

　英検に関する面白い出題例として「恐竜に関する問題」がありました。ある受験生はそのことについて非常に詳しかったので、本文を読まなくても、全て正解を得られたと言われています。また英検の場合、合否の判断はできても点数による評価がないところも不便と言えば不便でした（現在はCEFR* のどのレベルに該当するか分かります）。

　そこでビジネスマンの英語力を評価するのにもっと便利なものが必要になり、現在の経産省の前身である通産省に勤務していた北岡靖男氏が中心となって、TOEFL や SAT の問題を作成しているアメリカの ETS（Educational Testing Service）に依頼し、開発されたのが TOEIC® と言われています。従って、TOEIC® で評価されるのは**仕事のコミュニケーションで必要となる英語力**になるわけです。

　TOEFLという英語力を評価する試験もありますが、これは主にアメリカやカナダの大学へ入学する学生の総合的な英語力を評価するもので、やはりビジネスマンの英語力を評価するには合理的ではありません。英語の本家であるイギリスに目を向ければ、こちらには IELTS があります。この試験はイギリス圏の大学へ入学する場合には必須です。

　また、IELTS は仕事でどの程度の言語（英語に限らず）が使えるかというヨーロッパの評価基準である CEFR* としても使われるので、特にヨーロッパで英語を使うビジネスマンにとっては有効な試験です。ただし IELTS は英検同様に読む、聴く、話す、書くの4技能の試験という違いがあります

　　　　　　　　※ CEFR =（Common European Framework fo Reference for Languages）

（現在は TOEIC® Speaking & Writing Test という試験で「話す、書く」の残りの2技能も測定可能です）。

まとめると、TOEIC® L&R は他の英語の試験に比べて、日本国内の企業にとっては社員の英語力の評価がしやすく、また社員の側からすれば手軽に受験でき、またビジネスに特化されているということから、勉強方法を工夫すれば高得点を取りやすい試験と言えるでしょう。

TOEIC® 単語、文法攻略の基本

TOEIC® はビジネスで使う英語力を評価する試験ですから、登場する単語もビジネスに関わりのある単語が基本です。invoice（請求書）という単語は出ても、dinosaur（恐竜）という単語が出ることはまずありません。そして一つの単語にはいろいろな意味がありますが、そこにも TOEIC® ならではの特徴があります。例えば plant という単語ですが、これが普通の会話なら「植物」という意味で使われることが普通ですが、TOEIC® ではほぼ間違いなく「工場」という意味で使われます。このようにあくまでもビジネスで使われる意味で出ることがほとんどであることを覚えておいてください。

そしてもうひとつの傾向は、生活に密着した単語が出るということです。大統領選やスミソニアン博物館に関わるような単語ではなく、レンタカーや電話の請求書などに関わる単語です。

そして出ない単語の傾向も覚えておくと効率よくスコアアップできるでしょう。その代表が事件や事故、災害などに関わる単語です。地震やハリケーンまたはテロや戦争、裁判に関わるような話題に絡んだ単語が出ることはありません。英語の勉強としてはそのような単語を覚えることは必要であっても、効率よく TOEIC® の点数を上げるためには時間の無駄です。

また文法についても難しい文法が問題として出されることはありません。「分詞構文」を理解しておく必要はあっても、「鯨構文」のような複雑な文法が出題されることはありません。中学〜高校1年ぐらいまでの文法をしっかりやっておけば十分です。難しい文法を覚えるのではなく、基本的な文法だけをしっかりやっておくことがスコアアップの秘訣です。

TOEIC® の試験ではタイムマネジメントも必要

　リーディングセクションは 75 分ですが PART5 を短時間で答えて PART6 と 7 に時間を割いたとしても、やはり早く読む必要があります。そのためにも英文をきれいな日本語の語順に訳しながら読むのではなく、英文をそのまま理解できるように練習しましょう。スラッシュリーディングという方法もそうですが、英文を返り読みしたり、繰り返し読まなくても理解できるようにすることが大事です。

　そして、長文の中にはひっかけのように難しい単語が出ることがあります。大抵は知らなくても答えられるはずですが、ついついそこで考え込んでしまい時間を取られがちなので、無視してもいい単語を見分けられるようになりましょう。

基礎力は大事

　TOEIC® には TOEIC® 特有の技があることは確かです。時間配分などもそうですが、例えば「NOT 問題」などと呼ばれる形式があります。「次の 4 つの選択肢の中で当てはまらないのはどれか?」などという問題です。この場合、4 つの選択肢全てを読まなくては解答できません。誰がやっても時間のかかる問題です。特に中級の受験者で難しいと感じた場合、こういう問題は飛ばして、次の問題に進んだ方が効率はいいでしょう。しかし、このようないわば小手先の技を沢山身につけてもスコアアップには当然、限界があります。基礎力をつけなければどこかで壁に突き当たります。例えば走り高跳びで、背面跳びを覚えれば記録は伸びるでしょう。しかし、基礎的な脚力がなければ技だけで記録を伸ばすのには限界があるのと同じです。

　すでにお伝えしている通り、基本的な文法を確実に覚え、一度読んで内容を理解できる力、そしてビジネスに関連した単語を数多く覚える。こうした力をつければ自然にスコアアップはできるはずです。

アーチー　―編集協力―
工学修士
TOEIC®990 点

56

SCORE **860** LEVEL

8合目

名 詞

abstract	The abstract provided an accurate summary of the report.
accommodation	The accommodations provided by Kyobashi Tours were well received by guests.
acknowledgment	Ms. Cooper's retirement party served as acknowledgment of her long career with the company.
additive	Restaurants tend to avoid food additives for health-conscious customers.
allowance	For Melvlex Airlines, there is a one bag allowance in economy class but up to two in first class.
alteration	The apparel chain store does alterations of slacks for free.
alumni	Mr. Jeffrey Cocker enjoyed the Cedarwood University alumni reunion held at Antelope Island State Park.
amendment	Several amendments to the contract were suggested during the meeting.
analytics	Greigebit Co. conducts detailed data analytics utilizing various aspects of member profiles and platform usage patterns.

要約	その要約は、正確な報告書の概要を提供している。
宿泊施設	京橋ツアー社で用意された宿泊施設は、多くのお客様に好評を得ていた。
認められた	クーパーさんの退職パーティーは、彼女の長年の実績が認められたものである。
添加物	健康志向の顧客のために、多くのレストランが食品添加物を避けるようになっている。
許容量	メルブレックスエアラインの場合、エコノミークラスの手荷物許容量は1つだが、ファーストクラスでは2つまでだ。
裾上げ	そのアパレルチェーン店は、ズボンの裾上げを無料で提供している。
同窓会	ジェフリーコッカーさんは、アンテロープ島州立公園で開催された、シダーウッド大学の同窓会を楽しんだ。
〔主に文書の〕**修正** ※ amendment は主に公式文書の修正。modification は物や文書の部分的な変更、改善	会議中に契約の修正が、いくつか提案された。
解析	グレージュビット社は、メンバーのプロフィールや製品の使用パターンの解析など、さまざまな側面から詳細なデータ分析を行っている。

array	An array of electric saws are displayed at Tokyo HW Mart.
associate	Ms. Harrington writes greeting cards to her closest business associates every year.
attendance	The attendance at the company picnic was higher than ever.
attendee	The number of attendees at Greigebit Soft Co. annual shareholders meeting surpassed that of last year.
auditorium	Dr. Jameson gave the commencement address in the college's auditorium.
aviation	The aviation industry has begun a new development race in the pursuit of commercial spaceflight.
awning	Many antique plates are displayed under the awning at Conor's cafe.
badge	Kinoshita Tech's factory tour guests are asked to wear visitor badges during the tour.
ballot	Ms. Carter is going to the next shareholder meeting to cast her ballot.
bidder	The public construction project requires bidders to have proven track records.

ずらりと並んだ状態	数々の電動のこぎりが、東京 HW マートに陳列されている。
仕事仲間	ハリントンさんは、毎年彼女の最も近い仕事仲間にグリーティングカードを書いている。
参加/出席	会社のピクニックへの参加者は、かつてないほど多かった。
出席者	グレージュビットソフト社の年次株主総会の出席者の数は、去年のそれを上回った。
講堂	ジェームソン博士は、大学の講堂で卒業式の訓示を述べた。
航空	航空業界は、商用宇宙旅行を視野に入れた新しい開発競争を始めた。
日よけ	コナーズカフェの日よけの下には、多くの古風な皿が飾られている。
バッジ、名札	木下テックの工場見学のゲストは、見学の際にビジターバッジを着用することを求められる。
投票	カーターさんは、次の株主総会で投票を行う。
入札者	その公共建設事業は、入札者に対して過去の実績開示を要求している。

bin	Please place any metal, plastic, or glass containers in the recycling bin before leaving the cafeteria.
celebrity	Ms. Maloney is not interested in celebrity news or gossip.
chore	Mr. Perry went out after he finished up some chores around the house.
circulation	At Kyobashi Daily News, the circulation has increased significantly thanks to a new column on the environment.
clutter	This book gives you some tips on eliminating clutter from your desk.
collision	The new GT-860 from Light Motors features advanced collision avoidance sensors.
commitment	Goro Tech has made a commitment to being carbon-neutral by the end of next year.
compartment	Mr. Manchell is going to reserve some business class compartments on the express train for the executive business trip to Munich.
compensation	Annual compensation for Kojima Medy's management includes salary, bonuses, and other benefits.
compliment	Pet World's president paid a great compliment to the sales team for their contribution.

ゴミ箱 ※主に〈英〉	金属製、プラスチック製、またはガラス製の容器は、リサイクル用のゴミ箱に入れてからカフェテリアを出てください。
有名人	マローニーさんは、有名人の情報や噂話には興味がない。
雑用	ペリーさんは、家の雑用を片付けてから外出した。
発行部数	京橋デイリーニュースでは、環境に関する新しいコラム記事のおかげで発行部数が大きく伸びた。
乱雑	この本は、君の乱雑な机の整理にいいヒントを与えてくれる。
衝突	ライトモーターズの新しい GT-860 は、高度な衝突回避センサーを備えている。
公約	ゴローテックは、来年末までに二酸化炭素を排出しないようにすると公約した。
〔列車の〕個室	マンシェルさんは、幹部の出張のためにミュンヘンまでの急行列車のビジネスクラスの個室を予約する。
報酬	小島メディの経営層の報酬には、給与、賞与、その他手当が含まれている。
称賛	ペットワールドの社長は、営業チームの貢献を大いに称賛した。

comprehension	Mr. Lee says comprehension of the market is important when introducing products into a new market.
conservation	Greigebit recommends employee rideshare for environmental conservation.
council	Hospital construction is an important topic to be discussed by local councils.
courtesy	Ms. Morrison received a refund as a courtesy, even though the warranty had already expired.
coverage	Aoyama Life offers health insurance with low premiums and excellent coverage.
coworker	Mr. Amino's coworkers were happy to assist him because of his eagerness.
credential	Mr. Kohno was able to utilize his credentials when he started working at Preston Corp.
credentials	Mr. Cohen presented his credentials to the State Department.
criterion	Design is the most important criterion for our customers when they buy Fine & Chic's tableware.
cubicle	The designers at Chuo Textile are encouraged to personalize their cubicles with artwork and other decorations.

理解	リーさんは、新しい市場に製品を導入する場合、市場を理解することが重要であると述べている。
〔環境〕**保護**	グレージュビットでは、環境保護のために従業員にクルマの相乗りを推奨している。
地方議会	病院建設は、地方議会で話し合われるべき重要なテーマだ。
優遇／サービス	保証がすでに切れていたにもかかわらず、モリソンさんは優遇（サービス）として払い戻しを受け取った。
〔保険の補償の〕**範囲**	青山ライフは、保険料が安く保険適用範囲の広い健康保険を提供している。
〔職場の〕**同僚** ※ collegue は主に同じ仕事をする同僚、coworker は広い意味での仕事仲間	網野さんの誠実さから同僚たちは、彼を進んで支援した。
資格	プレストン社に就職後、河野さんは、資格を生かすことができた。
信任状〔s の付いた複数の形で使用〕	コーエンさんは、彼の信任状を国務省に提出した。
〔判断の〕**基準** ※複数形は criteria	デザインは、顧客がファイン&シック社の食器類を買う時に最も重視する基準だ。
小部屋	中央テキスタイルのデザイナーは、仕事部屋にアートワークやその他の装飾を施して自分仕様にすることを勧められている。

dairy	Conor's Table down the street, offers a variety of vegetarian and dairy free foods.
dawn	The view of Morro Bay at dawn is the pride of the town.
dean	Ms. Henning made the dean's list last semester because of her excellent grades.
debris	Many volunteers helped to clear the enormous amount of debris left by the tornado.
detour	Drivers on the K-95 highway need to use a detour till the end of the month due to road renovation.
directory	You can check the directory at the reception desk to find out which floor the department you are trying to get to is on.
dismissal	The students had an early dismissal because of the public holiday.
distributor	Now that Banno Auto Tech has found a reliable distributor in Germany, they can enter the E.U. market.
donor	The new building on campus is being named after the biggest donor of the capital fundraising campaign.
dues	Please pay the dues for the Art Lovers Club by the end of the month.

乳製品	この先にあるコナーズ・テーブルでは、ベジタリアン及び乳製品不使用のさまざまな食品を提供している。
夜明け	夜明けにここから見下ろすモーロベイは、町の自慢だ。
学部長	ヘニンさんは、優秀な成績を収めたので、前学期に学部長表彰者に選ばれた。
残骸 ざんがい ※（発音注意） 最後の s は無声子音	多くのボランティアが、その竜巻で発生した山のような残骸を取り除くのを手伝った。
迂回路	K-95 高速道路を使用するドライバーは、道路の改修のため、月末まで迂回路を使用する必要がある。
案内板、名簿	受付カウンターにある案内板を確認すれば、行きたい部署が何階にあるのか分かる。
〔会議や学校など〕 **解散**	学生たちは、祝日なので早く解散した。
販売代理店	坂野オートテックは、ドイツで信頼できる販売代理店を見つけたので、EU の市場参入が可能になった。
寄贈者、篤志家 とくしか	キャンパスの新しい建物は、資金調達キャンペーンの最大の寄贈者にちなんで名付けられている。
会費 ※ membership dues とも	美術愛好クラブの会費を、月末までに支払ってください。

efficiency	Improving battery efficiency is crucial to extending the range of electric vehicles.
excavation	The Kyobashi Landmark project was suspended because some ancient tombs were found in the excavation process.
excursion	Going on excursions during time off on business trips is really enjoyable.
execution	Ms. Robinson is responsible for the project from concept to execution.
exemption	Foreign tourists can apply for a sales tax exemption.
fabric	Textile manufacturers in Asia make some of the most beautiful fabrics anywhere in the world.
faculty	Many of the faculty members at this university began their careers in the private sector.
faucet	The flow of water has improved since the faucet was replaced with a new one.
fertilizer	Blue Green Med Co. announced that it will enter the fertilizer industry.
fixture	The light fixtures at Tachikawa Tech's showroom are very sophisticated.

効率	バッテリー効率の向上は、電気自動車の走行距離を伸ばすために重要である。
発掘	京橋ランドマークプロジェクトは、発掘過程で古代の墓が見つかったため中断された。
小旅行	出張中の空き時間に、小旅行に出かけるのは、何よりの楽しみである。
実施	ロビンソンさんは、プロジェクトの構想から実施までを担当している。
免除	外国人観光客は、消費税の免除を申請できる。
生地 （き じ）	アジアの繊維メーカーは、世界で最も美しい生地のいくつかを製造している。
〔大学の〕**教員**	この大学の教員の多くは、民間企業で働いていた。
〔水道などの〕**蛇口** ※ faucet は〈米〉、〈英〉は tap。水道水はどちらも tap water	蛇口を新しいものに取り替えたので、水の出が良くなった。
〔化学〕**肥料**	ブルーグリーンメッド社は、肥料産業に参入することを発表した。
設備	立川テックのショールームの照明器具は、とても洗練されている。

flaw	Ping Rig Software fixed some flaws in their accounting software before the new release.
founder	The founder of the HSG Research Institute continues to host lectures, even after retiring.
furnishing	Western Land Housing will undertake not only construction but also the furnishing work after construction.
garment	Some garments are piled up on the shelves.
gauge	Blue Green Meds designed a UV gauge to help patients keep track of their sun exposure.
groove	Wheel-Tech tires are designed with deep grooves in the tread to help shed water.
guardian	Kyobashi High School students must have a parent or guardian sign a permission slip before joining the field trip.
habitat	The HSG Research Institute is constructing a new coastal habitat for their research on sea turtles.
hallway	Ms. Smith's office is at the end of the hallway.
headquarters	Blue Green Med Ltd. has its global headquarters in the United States.

欠陥	ピングリグソフトウェアは、新しい会計ソフトウェアをリリースする前にいくつかの欠陥を修正した。
創設者	HSG 研究所の創設者は、定年後もなお講演を続けている。
〔家具などの〕取り付け	ウエスタンランドハウジングは、建設だけでなく、完成後の家具の取り付けも請け負う。
〔1 着の〕衣服、衣類	棚に服が積まれている。
測定	ブルーグリーンメッドは、患者の太陽光への露出が計測できるよう、UV 計測器を設計した。
溝	ホイルテックのタイヤは、トレッドに深い溝を設けて水を流しやすくするように設計されている。
保護者	京橋高校の生徒は、屋外活動に参加する前に、親または保護者から許可証に署名してもらわないといけない。
生息地	HSG 研究所は、ウミガメの調査のための新しい沿岸施設を建設している。
〔建物内の〕廊下	スミスさんのオフィスは、廊下の突き当たりにある。
本部	ブルーグリーンメッド社のグローバル本社は、アメリカにある。

historian	Mr. Copeland is a distinguished historian who often helped with the work of the Nordic History Museum.	
inclusion	Ms. Miyamoto's management style focuses on inclusion and getting input from all types of employees.	
initiative	Ms. Nozaki often took initiative on projects without having to be prompted by her manager.	
integrity	The Chairman is respected by all the board members because of his integrity.	
keynote	Maui Fresh Bivalege's CEO addressed the new plan at the keynote speech of the conference.	
lodging	Ms. Wakatsuki expensed her meals and lodging for the business trip to the company account.	
luncheon	Mikami Antique staff members held a luncheon to celebrate the opening of the new store.	
meadow	Mr. Matsui's new house was built in a large meadow in the countryside.	
medium	Television used to be considered the most powerful medium until the Internet came along.	
megastore	The electronics megastore that opened in Troy was a major boost to the local economy.	

歴史家	コープランドさんは、著名な歴史家であり、北欧歴史博物館の活動をしばしば支援してきた。
多様性の受容 ※ inclution は人種なども含めた、さまざまな背景の受容	宮本さんのマネジメントスタイルは、多様性の受容と全従業員から意見を取り入れることに重点を置いている。
〔問題を解決するための〕**構想、戦略**	野崎さんは、マネージャーに促されることなく、たびたびプロジェクトに率先して取り組んだ。
誠実さ	会長は、彼の誠実さゆえに役員会の全員から尊敬されている。
基調 ※ keynote speech は基調講演	マウイフレッシュビバレッジの CEO は、協議会の基調講演で新たな計画について発表した。
宿泊	若月さんは、出張の食事代と宿泊費を会社の口座から支払った。
〔正式な〕**昼食会**	三上アンティークのスタッフは、新店舗開店を祝う昼食会を開催した。
牧草地	松井さんの新しい家は、田舎の巨大な牧草地に建てられた。
メディア ※複数形は media	インターネットが登場するまでは、テレビが最も強力なメディアと考えられていた。
メガストア ※ big-box store とも	トロイにオープンした電子機器メガストアは、地域経済を大きく後押しした。

merger	The merger of two companies formed the biggest pharmaceutical enterprise in the country.
minutes	Mr. Jeffery-Coker was responsible for keeping meeting minutes.
moderator	Mr. Kojima served as a moderator for the panel discussion in the tech forum.
mural	There's a mural of the city of Troy on Troy Tech's factory wall.
objective	The objective of this meeting is to agree on a strategy for next quarter.
observance	HQ Tech offices will be closed on Monday in observance of the national holiday.
obstacle	The car is equipped with automatic obstacle avoidance technology.
omission	Mr. Keenan is checking the submitted manuscript for any omissions.
outage	Melvlex Co. had a backup power supply so there were no problems with the power outage.
outcome	This quarter, Super Metal Co. Ltd. achieved their highest sales outcome ever.

合併	その2社の合併によって、その国で最大の製薬会社が作られた。
議事録	ジェフリーコッカーさんは、会議の議事録を作成する責任があった。
進行役	小嶋さんは、その技術フォーラムのパネルディスカッションの進行役を務めた。
壁画	トロイテックの工場の壁面には、トロイ市の壁画が描かれている。
目標／目的	この会議の目的は、来四半期の戦略について合意することである。
遵守 じゅんしゅ	HQテックのオフィスは、祝祭日を遵守して月曜日は休みになる。
障害物	その車には、自動障害物回避技術が搭載されている。
見落とし	キーナンさんは、提出された原稿に見落としがないかをチェックしている。
停止	メルブレックス社には、バックアップの電源があったので、電力が停止しても問題がなかった。
〔売り上げなどの〕 結果	スーパーメタル株式会社は、今期に過去最高の売上高を達成した。

patio	Shikine Hotel is famous for its outstanding patio.
pavilion	A pavilion was set up for the International Strawberry Festival.
paycheck	The new recruits are looking forward to receving their first paychecks.
payroll	Dent Amalgam Co. uses a state-of-the-art payroll service.
perspective	A product survey by NY Consumer Relations Co. found that customers have many perspectives on environmental issues.
physician	Dr. Harris has been my primary care physician for a long time.
plaque	The price of the plaque depends on the size and the material.
poll	HSG Research Institute is conducting a poll to find out what people think about environmental problems.
precaution	Wollstone's precautions against online attacks are reliable.
precedent	Breaking from precedent, Newland Inc's board members unanimously appointed Ms. Brooks as the first female president of the board.

中庭	式根ホテルは、その並外れて素晴らしい中庭で有名だ。
パビリオン ※展示館などに用いられる仮設建築物	国際イチゴ祭りのために、パビリオンが建てられた。
給料	新入社員は、最初の給料が待ちどおしい。
給与計算	デントアマルガム社は、最先端の給与計算サービスを使っている。
視点	NY コンシューマーリレーション社の製品調査によると、環境問題に対して顧客には多くの視点があることが分かった。
医師〔特に内科医〕	ハリス先生は、長い間私の主治医だ。
飾り額	飾り額の値段は、額のサイズと素材によって決まる。
世論調査 ※ opinion poll も同じ	HSG リサーチインスティテュートでは、人々が環境問題についてどのようなことを考えているのかの世論調査を行っている。
予防策	ウォルストーンのオンライン攻撃に対する予防策は、信頼できる。
前例	ニューランド社の取締役たちは、前例を覆し全会一致でブルークスさんを初めての女性社長に選んだ。

premises	Guests are required to get a vistor's pass before entering the premises.
privilege	One of the only privileges of being the Tex Acute Co. president is having an electric car.
produce	Farmers bring their produce to the Asumino Market early in the morning.
productivity	Switching to a four day work week dramatically increased productivity.
proficiency	No one in Greigebit Co. denies Mr. Tanaka's high proficiency as an AI engineer.
proponent	Ms. Fujisawa is a proponent of conducting meetings in person whenever possible.
publicity	Social media can be a great form of publicity.
raffle	Ms. Wakatsuki won plane tickets to Hawaii in a raffle.
reception	Please go to the reception desk to register for the conference.
recipient	There will be a ceremony at the end of the year to honor employee acheivement award recipients.

〔建物を含めた〕**敷地** ※単数は別の意味→前提	ゲストは、敷地内に入る前に訪問者用パスを取得しなくてはならない。
特権	テキサキュート社の社長のひとつだけの特権と言えば、電気自動車が与えられていることぐらいである。
農産物	農家の人々は、早朝に安曇野市場に農産物を運んでいる。
〔物やサービスなどの〕**生産性**	週4日稼働に切り替えたら、生産性が劇的に向上した。
スキルの高さ	グレージュビット社で、田中さんのAIエンジニアとしてのスキルの高さを否定するものは、誰もいない。
提案者	藤沢さんは、可能な限り直接会って行う会議の提案者だ。
広報〔活動〕	ソーシャルメディアは、優れた広報手段になりうる。
福引き	若月さんは、福引きでハワイ旅行券を当てた。
受付	この会議への参加登録をするには、受付カウンターへ行ってください。
受賞者	年末には従業員の達成賞の受賞者を称えるセレモニーが、行われる。

recognition	Mr. Alfonzo received a special gift from his company in recognition of his services.
renovation	Tennyson Co.'s office renovation will be completed by the end of this quarter.
reservation	Ms. Hinchman had some reservations about her presentation on the new product line, but it went well.
restoration	Ms. Daly is a stone carver, specializing in the restoration of ancient cathedrals.
retreat	There will be a three day retreat for executive coaching next month.
reunion	Mr. Sato really enjoyed attending his high school reunion over the last weekend.
revenue	Greigebit's revenue increased sharply after the launch of their newest mobile phone.
sculpture	A new sculpture has been commissioned to be placed in front of the headquarters building.
shortcoming	Mr. Lee overcame shortcomings within his sales department by working to improve the communication among his team members.
soil	The Green Service Company has been very helpful in developing the soil of this land.

表彰	功労の表彰として、アルフォンソさんは会社から特別な贈り物を受け取った。
改装	テニソン社のオフィスの改装は、この四半期末までには終了する。
懸念〔事項〕 けねん	ヒンチマンさんは、新製品のプレゼンテーションについて少し懸念があったが、うまくいった。
修復	デイリーさんは、古代大聖堂の修復を専門とする石材の彫刻家である。
〔企業の研修の〕 合宿	エグゼクティブコーチングのための3日間の合宿が、来月行われる。
懇親会、同窓会 こんしん	佐藤さんは先週末、高校の同窓会を本当に楽しんだ。
〔企業などの〕収益	最新の携帯電話の発売後、グレージュビットの収益は大幅に増加した。
彫刻	新しい彫刻は、本社ビル前に設置するよう依頼された。
〔人や制度などの〕 欠点	リーさんは、チームメンバーのコミュニケーションを向上させるように働くことにより、営業部門の欠点を克服した。
土壌	この土地の土壌の開発には、グリーンサービス社が大変尽力してくれた。

specialty	Many Conor's Table customers come specifically to try the house specialty.
standpoint	Decreased demand for paper is a good thing from the standpoint of the environment.
statistics	According to government statistics, the market for handheld electronics is growing.
supervision	The construction project was conducted under the supervision of the architect.
supervisor	A new supervisor, Ms. Miyamoto, will visit our factory to inspect safety standards.
surcharge	Sun And Sky Airlines business passengers are exempted from the fuel surcharge.
surge	Goro Tech Co. met the surge in demand for sunglasses.
suspension	There is a suspension of all manufacturing during the New Year's holiday.
tactics	Ms. Bell skillfully employed negotiating tactics in her sales meetings.
tap	In the United Kingdom there are usually separate taps for hot and cold water.

名物	このレストランの名物料理を求めて、多くの顧客がコナーズテーブルを訪れる。
観点	紙に対する需要の減少は、環境の観点からは良いことだ。
統計	政府の統計によると、手で持てる電化製品の市場は成長している。
監督	その建設プロジェクトは、建築家の監督の下で行われた。
監督者	安全基準を調査するために、新しい監督者の宮本さんが、私たちの工場を訪れるそうだ。
追加料金	サンアンドスカイエアラインのビジネスクラス客は、燃料割増金が免除される。
急上昇	ゴローテック社は、サングラスの需要急増に対応した。
停止	1月1日は、全ての製造業が停止する。
〔個々の〕**戦術** ※複数形で使用	ベルさんは、営業会議で巧みな交渉戦術を用いた。
strategy（戦略）は長期的な視点で、ある目的を達成させるための技術 tactics（戦術）は具体的な敵に勝つための技術 measures〔複数形〕（対策/方策）は具体的な問題を解決するための対策	
〔水道などの〕**蛇口** ※ tap は主に〈英〉、faucet は〈米〉、〈カ〉。水道水はどちらも tap water	イギリスでは、通常温水と冷水が別々の蛇口になっている。

transaction	The new payment system can handle most transaction types.
tuition	Kyobashi Medical School instructed Ms. Kawakami to submit her application for a tuition waiver by August 20th.
turnout	The Keenan Pix convention this year had a higher turnout than last year.
turnover	Seasonal sales help with inventory turnover at Queens Furniture.
vaccine	The vaccine entered final-stage clinical trials this month.
validity	Mr. Matsui is checking the validity of his research findings with his colleagues.
vicinity	There are many state-of-the-art warehouses in the vicinity of the Port of Bayonne.
voucher	Blue & Green Tour participants will receive a free 3-day breakfast voucher at the hotel reception, so be sure to pick it up.
workforce	During Spice Tank's recent period of growth, their workforce has more than doubled.

turnout（参加者）は予約を伴わないイベントなどへの参加者（数）
attendance（参加者）は予約を伴う式や会への参加者

取引	新しい支払いシステムは、ほとんどの取引形態に対応している。
授業料	京橋医科大学は、川上さんに8月20日までに授業料免除申請書を提出するよう指示した。
参加者〔数〕 ※ attendance との違い、下記 （P84）参照	今年のキーナンピックスの大会は、昨年よりも多くの参加者を集めた。
〔商品の〕**回転率**	季節ごとのセールが、クイーンズファニチャーの在庫回転率の向上に貢献している。
ワクチン	そのワクチンは、今月から治験の最終ステージに入った。
妥当性	松井さんは、研究成果の妥当性を同僚と確認している。
近辺 ※ neighborhood は町や地域 などの中で近いこと。vicinity は単純に距離が近いこと。	バイヨンの港の近辺には、最先端の倉庫が沢山ある。
〔ホテルの食事などの〕 **引換券** ※ coupon との違い、下記参照	ブルー＆グリーンツアーの参加者は、ホテルのフロントで3日間の無料朝食券がもらえるので、必ず受け取るように。
従業員	スパイスタンクの最近の成長期には、従業員は2倍以上に増えていた。

voucher は それが示す金額やモノ、サービスに変えられる券
coupon は対象とする商品やサービスの割引購入券

他動詞

activate	Greigebit IT staff need to activate the application before the video conference.
address	Mr. Perrault will address the general public about Japanese food culture.
allot	The translation work was allotted to the staff members in accordance with their skills.
amend	Mr. Fukushima amended the report to include the most recent data.
apply	Applying this new paint improves the durability of plastic products.
assert	New entrants into the market must assert themselves in order to compete.
assume	After the promotion, Mr. Smith assumed the responsibilities of area manager.
boost	The recent economic boom has boosted Chuo Textile's sales.
carry	Melvlex carries a wide variety of international brands.

使えるようにする	グレージュビットの IT スタッフは、ビデオ会議の前にアプリケーションソフトウェアを使えるようにする必要がある。
講演する	ベローさんは、日本の食文化について一般の人々に向けて講演する。
割り当てる	翻訳作業は、スタッフの技量に応じて割り当てられた。
〔主に文書の文言を〕**修正する** ※ modify は物や文書を部分的に変更、改善すること	福島さんは、最新のデータを入れてレポートを修正した。
〔～に〕**塗布する**	この新しい塗料を塗布することで、プラスチック製品の耐久性が向上する。
〔意見などを〕 **強く主張する**	市場への新規参入者は、競争するために自らを強く主張する必要がある。
〔責任などを〕 **引き受ける**	昇進後スミスさんは、エリアマネージャーとしての責任を引き受けた。
〔～を〕**押し上げる**	最近の景気の良さが、中央テキスタイルの売り上げを押し上げている。
〔店で〕 **取り扱う**	メルブレックスは、多種多様な輸入ブランド品を取り扱っている。

certify	This watch is certified waterproof to a depth of 100 meters.
compensate	The increased power requirements of a brighter display can be compensated for by a larger battery.
complement	This Wakatsuki Co. coffee complements the chocolate wonderfully.
cover	All of the morning news programs covered the merger of Shibata Tech Co. and Vell Engineering Co.
delegate	As a supervisor of Fuji Entertainment, you have to delegate responsibilities to your staff.
deliver	Ms. Takeuchi delivered her keynote speech at the Las Vegas sales conference and it was very informative.
denote	Green areas on the guide map denote forests.
designate	Ms. Norman was designated regional director.
discard	Under a zero-waste policy, nothing is discarded; everything is either reused or recycled.
divert	Additional resources are being diverted to research and development in order to get ahead of the competition.

保証する	この時計は、水深100mまで防水性が保証されている。
補う	より明るいモニターの所要電力の増加は、より大きなバッテリーで補うことができる。
〜と〔料理と飲み物などが〕**合う**	この若月社のコーヒーは、チョコレートにとても良く合う。
〔テレビや新聞などがニュースを〕**放送する**	朝のニュース番組は全て、柴田テック社とベルエンジニアリング社の合併を放送した。
〔権限を〕**委任する**	あなたは、フジエンターテイメントの監督者として責任をスタッフに委任するべきである。
〔講義などを〕**行う**	竹内さんがラスベガスの営業会議で行った基調講演は、とても内容のあるものだった。
〔〜を〕**意味する**	その観光ガイド地図で緑色のところは、森を意味している。
任命する	ノーマンさんは、その地域の担当役員に任命された。
廃棄する	廃棄物ゼロの方針の下、破棄される物はなく、全てのものが再使用または再資源化される。
転用する	競争を勝ち抜くため、追加の資源が研究開発に転用されている。

elevate	Ms. Wakatsuki was elevated to the chairmanship.
eliminate	The Greigebit's new AI-based automatic search engine has eliminated time-consuming research work.
enact	The retail discount guidelines have been enacted to encourage free competition among retailers.
endorse	Ms. Takeshita endorsed one of her teammates for the big project.
enhance	Balco Oil's new fuel additive enhances automobile engine performance.
ensure	By having multiple suppliers Troy Tech can ensure that they will never experience manufacturing delays.
evacuate	Everyone living near the river was ordered to evacuate due to the heavy rain.
execute	Ms. Tatsukawa's advertising plan is well suited to execute this marketing mix.
expedite	Modern Home Co. offers an expedited delivery option, in addition to standard delivery service.

〔~に〕**昇進する**	若月さんは、議長に昇進した。
〔~を〕**排除する**	グレージュビットの新しいAIによる自動検索システムが、これまで時間を取られていた検査業務を排除してくれた。
〔~を〕**制定する**	小売業者間の自由競争を促進するために、小売り割引販売に関するガイドラインが制定された。
〔~を〕**推薦する**	竹下さんは、その大プロジェクトにチームメートの一人を推薦した。
〔性能を〕**向上させる**	バルコオイルの新しい燃料添加剤は、自動車のエンジン性能を向上させる。
〔~を〕**確実にする、保証する**	トロイテックは、複数の供給元を持つことにより、製造遅延を起こさないことを保証する。
〔安全な場所へ〕**避難させる**	その川の近くに住む人全員が、大雨のためそこから避難するように命じられた。
〔~を〕**実行する**	立川さんの広告計画は、このマーケティングミックスを実行するのに適している。 ※マーケティングミックスについては下記参照
〔~を〕**迅速にする**	モダンホーム社は、通常の配達サービスに加えて、優先配達オプションを提供している。

marketing mix（マーケティングミックス）とはマーケティングの4P／product（製品）price（価格）place（提供場所）promotion（販売促進／商品情報伝達）のこと

foster	Five Stars brand recognition was fostered by the support of loyal customers.
implement	The new chip architecture will be implemented in manufacturing next year.
imply	Montelia Co. has not signed a contract with HSG Design co. yet, but they implied that they would like to.
inaugurate	Ms. Moriyasu was inaugurated as the first female president of Mom's Choice Co.
infer	It can be inferred from the report that environmentally friendly products are preferred over conventional ones.
initiate	LA Radio has initiated a project to get all their electricity from renewable sources.
insulate	The new material used on the Metropolitan Subway cars insulates sound very well.
integrate	The accounting systems of the parent company were successfully integrated after the merger.
leak	No information was ever leaked thanks to Blue Green Med's robust security system.
lessen	A healthy diet lessens the risk of heart disease.

育てる	ファイブスターのブランド認知は、お得意さんによって育てられた。
〔機能が〕**実装される**	新しいチップ構造は、来年の製造で実装される。
〔~を〕**暗示する**	モンテリア社は、HSG デザイン社との契約に署名していないが、彼らはその契約を望んでいることを暗示していた。
〔~に〕**就任する**	森安さんは、マムズチョイス社で初の女性社長に就任した。
〔~を〕**推測する**	報告書から、環境に優しい製品が従来の製品よりも好まれていることが推測できる。
始める	LA ラジオでは、全ての電力を再生可能資源でまかなうプロジェクトを始めた。
〔音などを〕**さえぎる** ※電車の車両は〈米〉は car、〈英〉は carriage	メトロポリタンサブウェイの車両に使われた新素材は、騒音をとてもよく遮断する。
統合する	親会社の会計システムは、合併後うまく統合された。
漏らす	ブルーグリーンメッドの強固なセキュリティシステムにより、情報が漏れたことは一度もなかった。
〔~を〕**減らす**	健康的な食事は、心臓病のリスクを減らす。

minimize	With the introduction of new equipment, we were able to minimize manual labor during assembly.
misplace	Mr. Smith misplaced his ticket on the way to the airport, so an airline staff member reprinted it when he checked in.
obstruct	According to the traffic report, an overturned truck is obstructing the right lane on Eastbound Route 92.
omit	Ms. Jackson omitted the follow up meeting from the final schedule, as most of the topics were already covered.
outnumber	For the first time this year, Tokyo Mart customers using rewards program cards outnumbered customers that didn't.
post	Mr. Fukushima was posted to a subsidiary of Greigebit Inc. in California to develop new markets.
privatize	Ms. Morimoto used to be a proponent of privatizing national companies.
prototype	Mr. Carric prototyped the ordering system in just a few days.
publicize	Wollstone Co. publicized that they will build a new plant in Sandusky, Ohio.
rake	Troy Tech employees were raking fallen leaves at Washington Park.

最小化する	新しい機器の導入により、組み立てでの手作業を最小化することができた。
置き忘れる	スミスさんは、空港に向かう途中で搭乗券をどこかに置き忘れたが、チェックイン時に航空会社のスタッフが再印刷してくれた。
さえぎる	交通情報によると大型トラックが横転して、東行き 92 号線の右車線をさえぎっているそうだ。
省く	ほとんどの議題がすでに取り上げられていたため、ジャクソンさんは最終スケジュールから次の会議を省いた。
～数を上回る	ポイントカードを使用した東京マートの顧客の数が、使用しなかった顧客の数を今年初めて上回った。
配属する	福島さんは、新しい市場を開拓するためにカリフォルニアのグレージュビット社の子会社に配属された。
～を民営化する	森本さんは、かつて国営企業の民営化の推進者だった。
～を試作する	キャリックさんは、たった数日で発注システムを試作した。
発表する	ウォルストン社は、オハイオ州サンダスキーに新工場を建設すると発表した。
～を熊手で集める	トロイテックの従業員が、ワシントンパークで落ち葉を熊手で集めていた。

recall	Mr. Leo recalled business improvement tips he and his colleague had discussed in a meeting and reported them to his manager.
redesign	The office redesigned by Piraeus Office Design emphasized functionality.
reimburse	Any business related expenses while on a business trip can be reimbursed by submitting the expense report approved by the manager within 2 weeks.
retain	Troy Tech Co. offers numerous benefits and facilities, such as a gym and cafeteria, which help retain their outstanding employees.
retrieve	Mr. Lockhart asked his sales team to use the new database to retrieve customer information.
showcase	Keenan Pix will showcase their new product in the IT conference in Las Vegas.
streamline	Flow Tech's new software streamlines inefficient operations in accounting departments.
surpass	Due to the new product launch, Wollstone surpassed their sales target this year.
terminate	Mom's Food Choice Co. decided to terminate the use of artificial sweeteners.
transplant	In Eritrea, some flowers transplanted from Australia have been replaced with flowers grown from local seeds.

思い出す	レオさんは、会議で同僚と話し合ったビジネス改善のヒントを思い出し、マネージャーに報告した。
再設計する	ピレウスオフィスデザインが再設計したオフィスは、機能を重視したものだった。
〔払った金額を〕 **払い戻す**	出張にかかる経費は、管理者が承認した経費報告書を2週間以内に提出することで払い戻される。
〜を維持する	トロイテック社では、ジムや無料のカフェテリアなど、抜きんでた従業員をとどめておくためのさまざまな特典や設備を提供している。
〔情報を〕**引き出す**	ロックハートさんは、顧客情報を引き出すために新しいデータベースを使うよう彼の営業部隊に依頼した。
紹介する	キーナンピックスは、ラスベガスで開催されるITカンファレンスで新製品を紹介する。
合理化する	フローテックの新しいソフトウェアは、経理部の非効率な運用を合理化してくれる。
〜を超える	新製品の投入により、今年のウォルストンの営業売上は、彼らの目標を超えた。
〜を終わらせる	マムズフードチョイス社は、人工甘味料の使用を終了することを決めた。
移植する	エリトリアでは、オーストラリアから移植された花が、地元で自生していた花に植え替えられた。

☐☐☐	**trigger**	If a social media post about makeup goes viral, it has the potential to trigger a huge spike in sales for Kyobashido Inc.
☐☐☐	**undergo**	Melvlex Co. has undergone substantial change over the course of the merger.
☐☐☐	**unveil**	Montelia's research results will be unveiled at the press conference next week.
☐☐☐	**upset**	Ms. Narumai sounded upset on the phone but she was actually very pleased.
☐☐☐	**verify**	The immigration officer verified Mr. Tanaka's identity with his passport.
☐☐☐	**withhold**	Goro tech withheld the specifications for their highly anticipated new computer model until its official launch at the tech conference.

自動詞

☐☐☐	**adhere**	Safety protocols must always be adhered to when on the factory floor.
☐☐☐	**consent**	The author consented to changing the title of the book.
☐☐☐	**endeavor**	Bio Tech Corp endeavors to live by its corporate values.

きっかけとなる	メイクに関するソーシャルメディアの投稿による情報の広がりがきっかけとなって、京橋堂の売上が大幅に増加する可能性がある。
〔変化する過程を〕 **経る/経験する**	メルブレックス社は、合併の過程で大幅な変更を経験した。
～を公表する	モンテリアの研究結果は、来週の記者会見で公表される。
〔精神的に〕**動揺させる**	成舞さんは、電話で動揺しているようだったが、実はとても喜んでいた。
確認する	入国審査官は、田中さんの身元をパスポートで確認した。
差し控える	ゴローテックは、技術会議で正式に発表されるまで、待望の新しいコンピューターモデルの仕様の発表を差し控えた。

守る ※ adhere は決まりを守るのに対して、comply with は決まりや要求に従う	工場では常に安全手順を、守らなくてはならない。
承諾する	その本の著者は、題名を変えることを承諾した。
努める	バイオテック社は、その企業価値によって存続することに努めている。

99

expire	If you renew your subscription of our internet service before it expires, you will get a 10% discount.
halt	Work developing oil fields has been halted so that resources can be directed towards renewable energy.
interact	There are many opportunities for visitors to interact with the new hands-on museum exhibits.
pertain	This basic contract states shipping conditions pertaining to consignors.
refrain	Tennyson Co. refrains from disclosing details about upcoming products prior to their launch.
reside	Mr. Carlton no longer resides in Houston, but he still visits his family there regularly.
RSVP	Please remember to RSVP by July 31st and indicate your number of guests.
soar	Sales of new innovative software developed by Ping Rig Tech Co. have soared for the past three months.
strive	Before Mr. Gibson joined Tennyson Co. he was striving on behalf of the university laboratory.
thrive	Many beautiful plants thrive in tropical rainforests.

〔契約などの〕 **有効期限が切れる**	インターネットサービスの定期契約を有効期限が切れるまでに更新すれば、料金の10%が割引される。
停止する	資源開発が再生可能エネルギーに向けられるよう、油田の開発作業は停止された。
反応しあう／やりとりする	来館者は、新しい接触型博物館で展示品とやりとりできる機会が沢山ある。
当てはまる	この基本契約は、荷送り人に当てはまる輸送条件を謳っている。
控えておく	テニソン社は、発売前の次期製品の詳細を開示することは控えている。
在住する	カールトンさんは、既にヒューストンには住んでいないが、定期的にヒューストンの家族を訪問している。
ご返答お願いします ※〈仏〉repondez s'il vous plait の略	7月31日までにお連れするゲストの人数とともにご返答することを、お忘れなく。
急上昇する	ピングリグテック社が開発した新しい革新的なソフトウェアの売上は、過去3か月に渡り急増した。
懸命に努力する	ギブソンさんがテニソン社に入る前は、大学の研究室で懸命に努力していた。
〔植物など〕 **生い茂る**	多種多様の美しい植物が、熱帯雨林で生い茂っている。

形容詞

abundant	Blue Green Med has discovered that the Harz mountains are abundant in medicinal herbs.
adjacent	Troy Teck's new office will be built adjacent to the data center.
administrative	At Troy Tech, the efficiency of administrative work has improved significantly.
adverse	By recycling more, adverse effects on the environment can be reduced.
affiliated	Peters Orange is affiliated with some companies with advanced technology in the beverage industry.
affluent	The new tourism advertising campaign mainly targets affluent retirees.
alongside	Chuo Textile offers more affordable options alongside their premium products.
ample	This building has ample space for us to expand our offices.
anonymous	Many anonymous donations have been collected for Bobby's charity.

豊富な	ブルーグリーンメッドは、ハルツ山脈は薬草が豊富であることを発見した。
〔adjacent to〕 **〜に隣接した**	トロイテックの新しい事務所は、データセンターに隣接して建つことになっている。
管理の	トロイテックでは管理業務の作業効率が、大幅に向上した。
不利な／敵意を持つ	より多くリサイクルすることで環境への悪影響（不利な作用）を、低減できる。
提携している	ピーターズオレンジは、飲料業界で高度な技術を持ついくつかの企業と提携している。
裕福な	その新しい観光キャンペーンは、裕福な退職者を主に対象としている。
〜と合わせて	中央テキスタイルは、高級製品と合わせて手頃なオプションも提供している。
十分な	この建物には、オフィスを拡張するための十分なスペースがある。
<ruby>匿名<rt>とくめい</rt></ruby>**の**	多くの匿名の寄付が、ボビーの慈善団体のために集められた。

☐☐☐	**anticipated**	Star Connect Co.'s new communications system is highly anticipated.
☐☐☐	**applicable**	This discount coupon is only applicable to footwear.
☐☐☐	**authentic**	Queens Furniture Co. exclusively provides authentic European antique furniture.
☐☐☐	**avid**	Almost all the recruits in Chuo Textile's technology development department this year are avid engineers.
☐☐☐	**botanical**	Tennyson Co.'s new shampoo contains botanical extracts to target female customers.
☐☐☐	**certified**	Mr. Satake is the only certified electrician in construction technology at Tex Acute Co.
☐☐☐	**clerical**	Ken Express is hiring additional clerical employees in an effort to improve customer service.
☐☐☐	**compatible**	Wollstone's database software is compatible with all of the major computer platforms.
☐☐☐	**complimentary**	Guests of Maurizia Hotel can enjoy a complimentary breakfast service.
☐☐☐	**comprehensive**	Tech Consulting Inc. offers comprehensive software solutions from user interface design to back end programming.

期待されている	スターコネクト社の新しい通信システムは、非常に期待されている。
適用される	この割引クーポンは、履き物類にのみ適用される。
本格的な／本物の	クイーンズファニチャー社では、本格的なヨーロッパのアンティーク家具だけを提供している。
熱心な	今年の中央テキスタイルの技術開発部門の新入社員は、ほぼ全員が熱心なエンジニアだ。
植物の	植物エキスを含んだテニソン社の新しいシャンプーは、女性客をターゲットにしている。
資格のある	佐竹さんは、テキサキュート社で施工技術について資格を持つ唯一の電気技師だ。
事務の	ケンエクスプレスは、顧客サービスを改善するために、追加で事務員を雇っている。
互換の〔～と〕	ウォルストンのデータベースソフトウェアは、全ての主要なコンピュータープラットフォームと互換性がある。
無料の ※ complementary（補完的な）と間違えないように	マウリッツィアホテルの宿泊者たちは、無料の朝食サービスを満喫できる。
包括的な	テックコンサルティング社は、ユーザーインターフェイスの設計からバックエンドプログラミングまでの包括的なソフトウェアソリューションを提供している。

concrete	Please provide concrete examples in your advertisement proposal, not just concepts.
consolidated	Boston Seafood Group's consolidated annual sales report will be submitted at the shareholder meeting next Friday.
defective	Due to rigorous quality control, MC Engineering has never shipped a defective part to a client.
delightful	We had a delightful time at the dinner party.
designated	Only designated staff can enter the Walflex Labs in Boston.
diligent	The project was successful thanks to the team's diligent work.
distinguished	Fuji Entertainment has hired a new recruit with a distinguished background.
diverse	The employees at Tachikawa Tech Co. are a diverse group of people from all over the world.
dominant	Chuo Textile is a dominant player in the overseas textile market.
duplicate	At Greigebit, all data is automatically backed up in duplicate for additional protection.

具体的な	コンセプトではなく、あなたの具体的な広告案を聞かせてください。
統合された	ボストンシーフードグループの年間売上高の統合レポートは、次の金曜日の株主総会で提出される。
正常に機能しない、欠陥のある	厳格な品質管理により、MC エンジニアリングは、欠陥部品を顧客に出荷したことはない。
楽しい	私たちは、夕食会で楽しい時間を過ごした。
指定された	ボストンにあるウォルフレックスの研究所には、特定のスタッフだけが入れる。
勤勉な	勤勉なチームのおかげでプロジェクトは、成功した。
傑出した （けっしゅつ）	フジエンターテイメントは、傑出した経歴を持つ新人を雇った。
多種多様な	立川テック会の従業員は、世界中の多種多様な人々の集まりだ。
〔市場などで〕支配的な	中央テキスタイルは、海外の織物製品市場で支配的なプレイヤーである。
複製の	グレージュビットでは、保護の強化のために、全てのデータが、自動的に複製されてバックアップされる。

elaborate	The machinery on the assembly line is incredibly elaborate.
emerging	Tellyatlas Co. has been opening offices in emerging markets for the past 20 years.
exclusive	Melvlex Card members can receive exclusive benefits, such as access to VIP lounges.
extensive	Coopertech has done extensive research into bringing renewable energies to market.
fragile	Glass Express staff members are specialists in transporting fragile items.
functional	This wardrobe is both decorative and functional.
furnished	Gens Estate mainly operates furnished student apartments in Los Angeles.
hands-on	Has Mr. Berger applied the hands-on training prior to the main sessions of the conference?
identical	Star Connect Co.'s new mobile phone looks identical to the previous model, but it is more affordable and has more features.
immediate	Mr. Rhodes made an immediate decision to acquire the startup company.

せいこう **精巧な**	組立ラインの機械は、信じられないほど精巧だ。
新興の	テリーアトラス社は、ここ20年間新興市場にオフィスを開設している。
特別な	メルブレックスカードのメンバーは、VIPラウンジへのアクセスなどの特別な恩恵を受け取ることができる。
広範囲に及ぶ	クーパーテックは、再生可能エネルギーを市場に投入するための広範囲に及ぶ研究を行ってきた。
壊れやすい	グラスエクスプレスのスタッフは、壊れやすい荷物の輸送を担当する専門家だ。
〔用途が〕**機能的な**	この衣装部屋は、装飾的で機能的だ。
家具付きの	ジェンスエステート社は、ロサンゼルスで主に学生向けの家具付きアパートを運営している。
実践の	ベルガーさんは、その会議の主要セッションの前の実践演習に申し込みましたか?
そっくりの／同一の	スターコネクト社の新しい携帯電話は、以前のモデルとそっくりだが、より手頃な価格でより多くの特徴を備えている。
ただ **即ちに**	ローズさんは、その新興企業を買収するために即ちに決断を下した。

imperative	It is imperative that Muller Software Service Co. finsih designing the system specifications by the end of this month.
inappropriate	After the auditor pointed out the inappropriate accounting process, we corrected it and passed the audit.
inaugural	Tex Acute Co.'s new CEO's inaugural address was short and clear-cut.
inclement	Flight 990 arrived at Haneda Airport on time despite the inclement weather.
indefinite	All indefinite judgemnet regarding Wollstone's security policy information have been resolved.
indispensable	Mr. Brown said that Wollstone Inc's search engine is an indispensable tool for his market research project.
informative	The marketing seminar held by Tex Acute Co. today was very informative.
instrumental	Mr. Keenan has been instrumental in getting this book published.
intact	Fortunately, Tennyson Co. found that its products in the warehouse were still intact after the big earthquake.
integral	Mr. Keenan's expertise was integral to Mills Corp. developing this new product.

絶対に必要な	ミューラーソフトウェアサービス社は、今月末までにシステム仕様の設計を完成させることが絶対に必要だ。
不適切な	監査人から不適切な会計手順の指摘があった後、我々はそれを修正し監査に通った。
就任の	テキサキュート社の新 CEO の就任の挨拶は、短く明確だった。
〔天気が〕 **荒れ模様の**	990 便は、悪天候にもかかわらず時間通りに羽田空港に到着した。
不明確な	ウォルストンの情報セキュリティポリシーの不明確な説明は、全て解決された。
必須の／必要不可欠な	ブラウンさんは、ウォルストン社の検索エンジンは彼の市場調査プロジェクトに不可欠なツールであると語った。
有益な	今日のテキサキュート社のマーケティングセミナーは、非常に有益な内容だった。
助けになる	キーナンさんは、この本の出版に尽力してくれた。
無傷の	幸運にもテニソン社は、倉庫の商品が大地震後も無傷のままであることを確認した。
不可欠の	ミルズ社の新製品の開発にはキーナンさんの専門知識が、不可欠だった。

intentionally	These documents are intentionally kept not only on cloud servers but also on paper.
intermediate	In addition to their free basic plan, Greigebit Inc. offers premium and intermediate tiers of service.
introductory	An introductory session on Ping Rig Software will be held this afternoon.
irrelevant	Recent changes in local consumer behavior are irrelevant to Doggy Land's international sales.
judicial	Supreme Court Justice Tucker had already had a storied judicial career by the time she was appointed.
lifelong	Wollflex Co. has many lifelong customers of their products.
mandatory	It is mandatory to wear the provided helmet during Igarashi Machinery's factory tour.
modest	Despite her wealth, The president of Chuo Textile prefers living in a home with only modest decorations.
muddy	After the heavy rainfall, the road was so muddy in some places that the commuter bus couldn't easily go on.
municipal	KT Construction has successfully obtained approval from the municipal assembly for the construction of the new school.

意図的に	これらの文書は、意図的にクラウドサーバーだけでなく紙でも保管されている。
中間の	グレージュビット社は、無料の基本プランに加えて、プレミアムおよびミッド（中間）クラスのサービスを提供している。
入門の	今日の午後、ピングリグソフトウェアによるソフトの入門編説明会が行われる。
無関係な	最近の国内の消費者行動の変化は、ドギーランドの世界的な売上とは無関係だ。
司法の	タッカーさんが最高裁判事に任命された時点で彼女は、すでに裁判官として素晴らしい経歴を持っていた。
生涯の	ウォルフレックス社の製品には、多くの生涯顧客がいる。
義務の	五十嵐マシーナリーの工場見学では、提供されるヘルメットの着用が義務づけられている。
装飾を控えた 〔謙虚な〕	中央テキスタイルの社長は、裕福であるにもかかわらず、装飾を控えた家に住むことを好んでいる。
ぬかるんで	大雨の後、道路は所々ぬかるんでいて通勤バスは簡単には進めなかった。
市の	KT建設は、新しい学校の建設について市議会の承認を得ることに成功した。

neat	Keeping the workplace neat and clean is one of the key factors in maintaining the company's productivity.
noticeable	There has been a noticeable shift in the market towards reusable goods.
numerous	There are numerous ways in which one can save for retirement.
nutritious	European Deli Corp. has developed their most nutritious dog food yet.
obscure	Ms. Tucker's familiarity with obscure artists proved useful when building the museum's database.
on-site	Tachikawa Tech has decided to open an on-site nursery from 9 am to 7 pm on weekdays.
pharmaceutical	One of the leading pharmaceutical companies announced a breakthrough new drug will be available soon.
precise	Precise survey data is required in order to target consumer tendencies properly.
preliminary	Ms.Takeuchi performed well in the preliminary stages of the competition.
premier	Paradise Company has produced premier olive oil ever since its inception.

〔室内・場所などが〕 **整頓された**	職場を整頓し清潔にしておくことは、生産性を維持するための主要要因のひとつである。
〔変化などが〕 **顕著な**	市場では、再利用可能な商品への顕著な移行が見受けられる。
〔数え切れないほど〕 **沢山の**	老後資金を貯める方法は、沢山ある。
栄養価の高い	ヨーロピアンデリ社は、これまで以上に栄養価の高いドッグフードを開発した。
無名な	タッカーさんの無名なアーティストに関する知識が、博物館のデータベースを構築する際に役立つことが分かった。
施設内の	立川テックでは、平日の午前9時から午後7時まで、施設内託児所を設けることにした。
製薬の	大手製薬会社のうちの1社が、間もなく画期的な新薬が提供されると発表した。
正確な	消費者の傾向を正しく狙うには、正確な調査データが要求される。
予選の	竹内さんは、競技会の予選で良い演技をした。
最高の	パラダイス社は、創業以来最高のオリーブオイルを生産してきた。

prior	Prior to his current job, Mr. Alderete worked at a tech startup.
proficient	Mr. Fischer is proficient in German as well as English.
profound	Attending a rocket launch in her childhood had a profound impact on Dr. Smith's decision to become a scientist.
prospective	Ms. Tada advised Mr. Sakagami to acquire more prospective customers to increase sales.
quarterly	Our quarterly report should be submitted to the financial bureau in two weeks.
random	Ms. Tuckerson selected a volunteer at random from the audience to assist her in the demonstration.
redundant	Nagata Machinery keeps some redundant equipment on site in case of repair delays.
relevant	HSG Marketing conducts ongoing market research to keep our software relevant to the consumer.
reputed	Ms. Wood, our new division head, is reputed to be reliable and dedicated.
scenic	Ms. Tatsukawa will be on a vacation to the mountains to enjoy the scenic views.

~の前〔~より以前〕に	現在の職に就く前、アルデレッテさんは、技術系の新興企業で働いていた。
堪能な	フィッシャーさんは、英語にもドイツ語にも堪能だ。
〔心に〕大きな／深い	幼少期にロケットの打ち上げに立ち会ったことが、スミス博士が科学者になるのに大きな影響を与えた。
見込みのある	多田さんは、坂上さんに対して売上を増大させるには、さらに多くの見込みのある客を獲得すべきであると助言した。
四半期の	我々の四半期報告書は、2週間以内に財務局への提出が必要だ。
無作為の	タッカーソンさんは、聴衆から無作為に実演の助手をするボランティアを選んだ。
〔余って〕使われていない	万一修理が遅延する場合に備えて、永田マシーナリーは、使われていない機器を現場に保管している。
人気のある	HSGマーケティングは、当社のソフトウェアが消費者の人気を保つために継続して市場調査を実施している。
評判の良い	私たちの新部門長であるウッドさんは、頼りがいがあり献身的だと評判だ。
素晴らしい〔景色の〕	立川さんは、休暇で山に登り、素晴らしい景色を楽しむつもりだ。

situated	Keenan Pix is situated next to Blue Plaza in Kyobashi.
sophisticated	Wollflex's sophisticated sales strategy has brought them significant sales growth.
subject	Discounted products are subject to availability.
subsequent	The business proposal will be completed in subsequent meetings.
substantial	There has been substantial growth in the wearable electronics sector.
subtle	There is only a subtle difference in brightness, but LED lights are much more environmentally friendly than fluorescent ones.
superb	Ms. Lucientes received an award for her superb performance during the bidding process.
sustainable	Investors who are environmentally conscious tend to invest in ecologically sustainable businesses.
transparent	Using transparent packaging allows consumers to see the freshness of the products.
triumphant	The winner of the T-shirt design contest gave the audiences a triumphant smile.

位置している	キーナンピックスは、京橋のブループラザの隣に位置している。
洗練された	ウォルフレックス社の洗練された販売戦略が、大幅な売り上げの伸びをもたらした。
~次第である	割引商品は、在庫がなくなり次第終了となる。
~に続く	事業提案は、その後に続く会議で完了する。
かなりの／相当な	ウェアラブルエレクトロニクスの分野は、大幅に成長した。
わずかな	明るさの違いはわずかではあっても、LEDライトは蛍光灯に比べて環境にずっと優しい。
優れた	ルシエンテスさんは、入札プロセス中に優れた手腕を発揮したことで賞を受賞した。
持続可能な	環境を意識する投資家は、生態系的に持続可能なビジネスに投資する傾向がある。
透明な	透明パッケージを使用することで、消費者が製品の鮮度を確認できる。
勝ち誇った	そのTシャツデザインコンテストの勝者は、聴衆に勝ち誇った笑顔を見せた。

☐☐☐	**tutorial**	Ms. Paige had a three-day software coding tutorial during her paid vacation.
☐☐☐	**unanimous**	Board members made a unanimous decision to have all employees work remotely.
☐☐☐	**unqualified**	Goro Tech's accounting department is recruiting both qualified and unqualified personnel.
☐☐☐	**vague**	Ms. Moriyasu reviewed Ms. Hancock's vague management plan and made it more precise and effective.
☐☐☐	**vibrant**	East 2 West Co. is going to establish a vibrant relationship with its future partner.
☐☐☐	**vital**	Defining a waste disposal policy is vital as environmental problems become more serious.
☐☐☐	**vocational**	Many students pursue vocational training to find better jobs after graduation.

☐☐☐	**accidentally**	Mr. Cohen accidentally left his keys at the office.
☐☐☐	**adequately**	We will reassign our personnel to adequately take care of our clients.

指導の	ペイジさんは、有給休暇中に3日間のソフトウェアコーディングチュートリアル（の指導）を受けた。
満場一致の ※発音注意→最初のuはju:であり、ʌ′ではない。	取締役会は、全従業員にリモートワークを適用することを満場一致で決定した。
資格のない	ゴローテックの経理部では、有資格者も無資格者も募集している。
〔意味、意図が〕 あいまい 曖昧な	森安さんは、ハンコックさんの曖昧な経営計画を見直し、より正確で実効性のあるものに改善した。
活気に満ちた	イースト2ウエスト社は、将来の協業者と活気に満ちた関係を構築していく。
極めて重要な	環境問題がより深刻になっている中で、廃棄方針を明確にしておくことは、極めて重要である。
職業訓練の	多くの学生は、卒業後によりよい仕事につくため職業訓練を受ける。

うっかりと	コーエンさんは、うっかり自分の鍵を事務所に置き忘れた。
しっかりと／適切に	我々は、顧客に適切に対応するために人的資源を再配置する。

alike	Mobile phones are valued as an essential platform for innovation by manufacturers and software developers alike.
incidentally	Incidentally, Mr. Lee and Ms. Bernard had met at school before becoming colleagues at the same company.
namely	One of Ms. Connor's skills stands out in particular, namely, her ability to close a deal.
periodically	Melvlex needs to check periodically whether their marketing plan is going well.
promptly	The customer service department promptly replies to all customer inquiries.
rarely	Next year, Kyobashi Travel Agency will be highlighting the hidden European countryside, where travelers rarely visit.
significantly	Naranja Sol significantly improved its productivity by installing new production lines.
solely	The strong sales of Troy Tech's flagship model this quarter are almost solely due to the effective advertising copy.
steadily	Tokyo Mart's market share has been steadily growing over the past three years.
ultimately	After considering all the best options, Ms. Takeshita ultimately decided to accept the job offer.

〔外見・質・音などが〕 同様に	携帯電話は、メーカーと同様にソフトウェア開発者からもイノベーションに不可欠なプラットフォームとして評価されている。
ついでに言えば ※「ところで」は BTW (by the way)	余談だが、リーさんとバーナードさんは、同僚になる以前に学校で面識があった。
〔例を〕**挙げるなら**	コナーさんの際立った特技のひとつを挙げるなら、取引を成立させる能力である。
定期的に	メルブレックスは、自社のマーケティングプランがうまく行っているかどうかを定期的に検証する必要がある。
<ruby>迅速<rt>じんそく</rt></ruby>**に**	顧客サービス部門は、全ての顧客からの問い合わせに迅速に対応する。
めったに～ない	来年、京橋トラベルエージェンシーは、旅行者がめったに訪れないヨーロッパの隠れた田舎を目玉商品にする。
<ruby>著<rt>いちじる</rt></ruby>**しく**	ナランハソルは、新しい生産ラインを導入することで、生産性を著しく向上させた。
～のみ／～だけ	トロイテックの今四半期の主力モデルの売れ行きがいいのは、ほぼ広告の効果的なキャッチコピーによるものだ。
着実に	東京マートの市場シェアは、過去3年間着実に伸びている。
最終的に	最良の選択肢を全て検討した後、竹下さんは、最終的に採用通知を受け入れた。

接続詞

☐ ☐ ☐	**whereas**	Joe's Diner has more lunch specials whereas Josephine's caters to the dinner crowd.

フレーズ

☐ ☐ ☐	**a series of**	A series of articles communicated to consumers the effectiveness of the new product.
☐ ☐ ☐	**by accident**	Mr. Kojima left his briefcase in the office by accident, and had to go back to get it.
☐ ☐ ☐	**carry around**	Alloy Tech's new laptop is so lightweight you can carry it around all day without getting tired.
☐ ☐ ☐	**carry on**	Because Star Connect Co. had a backup generator, employees were able to carry on with their work even during power outages.
☐ ☐ ☐	**gift certificate**	Get a free gift certificate when you complete this questionnaire.
☐ ☐ ☐	**in accordance with**	We are expected to do business in accordance with the corporate guidelines.
☐ ☐ ☐	**in a row**	New Port Finance has experienced sales growth for three years in a row.

~に対して	ジョーズダイナーは、ランチセットが沢山あるのに対し、ジョセフィンズは、ディナー客向きである。

一連の	一連の記事により、新製品の有効性は消費者に伝わった。
〔ほんの〕**偶然に** ※ accidentally も同じ	小島さんは、たまたまブリーフケースを事務所に置き忘れてしまったので、取りに戻らなければならなかった。
持ち運ぶ	アロイテックの新しいノートパソコンは、非常に軽量なので、疲れることなく1日中持ち運ぶことができる。
継続する	スターコネクト社には、補助発電機があったため、従業員は停電中でも仕事を続けることができた。
商品券 ※〈米〉商品券〈英〉gift voucher. gift token	このアンケートに答えると、無料の商品券がもらえる。
〔規則など〕 **に従って**	我々は、会社の規則に従って事業を行うことを求められている。
連続して ※ consecutive も同じ	ニューポートファイナンスの売り上げは、3年連続して上昇した。

in need	The Omega Genome development group is in need of engineers who can propose fresh ideas.
in the event of	In the event of rain, the company picnic will be held in the gymnasium.
laboratory coats	The design of the laboratory coats will be updated next month.
make a visit to	Mr. tucker made a visit to the grocery store on his way home from work.
out of order	The copy machine is out of order, but it will be fixed by the end of the day tomorrow.
prep table	Place all tableware and drinks for the party on the prep table.
press release	It was announced in a press release that Mr. Jordan will become the new CEO of Montelia.
prior commitment	Mr. Hasegawa cannot attend the conference due to a prior commitment.
quite a few	Ms. Koshiba has read quite a few articles on the matter.
refrigeration unit	The Tundra Electric refrigeration unit is so efficient that it is half the size yet has the same performance as its competitors.

必要としている	オメガゲノムの開発グループでは、新鮮なアイデアを提案できる技術者を必要としている。
〔万一〕 **…の場合には**	雨天の場合、会社のピクニックは、体育館で開催される。
白衣	来月から白衣のデザインが、一新される。
訪問する make a visit（場所）と pay a visit（人）は目的語（場所・人）によって変わる	タッカーさんは、仕事帰りに食料品店を訪れた。
〔機器などが〕 **故障している**	コピー機は故障しているが、明日の業務終了までには直る見込みだ。
準備台	パーティで使う食器と飲み物は、全て準備台の上に置くように。
プレスリリース／報道発表	ジョーダンさんが、モンテリアの新 CEO に就任するとの報道発表があった。
先約	長谷川さんは、先約があるためにその会合には参加できない。
かなり多くの	小柴さんは、その問題についてかなり多くの記事を読んだ。
冷凍ユニット	ツンドラエレクトリックの冷凍ユニットは、非常に効率的で、半分の大きさで競合他社と同じ性能を持っている。

run behind	The Mulligan Inc. marketing meeting was running behind schedule at first, but it ended on time.
terms and conditions	Ms. Kubota told us that we have to review the terms and conditions of the agreement carefully with our legal department.
to date	It's superb that to date, none of Iwamoto Marine Tech's machines have ever failed while in use.

〔予定時刻より〕 **遅れる**	マリガン社のマーケティング会議は、遅れていたが、予定通り終了した。
契約条件	久保田さんは、我々が法務部と一緒にその契約書の契約条件を注意深く見直す必要がある、と言った。
今まで	これまでのところ、岩本マリンテックの機械が、使用中に故障したことがないのは素晴らしい。

満点を取ると決意してから 4 回目のチャレンジで達成

900 点まではあまり苦労せず取れたのですが、その後、しばらく停滞する期間がありました。今、思い返してみればコロケーションや語法が分かってなかったかな…。それから読書量が少なかったと思います。2009 年頃、円高と Kindle の登場で洋書が比較的安く簡単に手に入るようになり、私は小説をたくさん読みましたが、ニュース記事でもなんでも好きなものを読むといいと思います。900 点を超えてからの勉強法としてはとても有効でした。

ある時 TOEIC®L&R テストで 985 点を取ったのですが、その時は「くやしいから満点を取ろう」とは思いませんでした。そんなものかなと、淡々と受け止めた感じです。そもそもそれまで TOEIC® 対策の勉強はやったことがなかったんです。本気で満点を取ろうと思ったきっかけは、某 TOEIC® 講師養成講座に参加したかったものの、講師経験が乏しかったので、満点を取れば引け目を感じなくて済むかな、と思ったからです。

満点を目指して半年ほど TOEIC® に特化した勉強をし、4 回目で 990 点取得。次の回でも 990 取ることができ、幸運にも連続 990 も達成できました。

715 点時代

——実は最初に受けた TOEIC® から満点までの道のりは長かったそうだ。東京外大を卒業し、就職の準備に余念のなかったあっこさん。その時に持っていたのは英検 2 級の資格だけだったと言う。友人と話をしていると、TOEIC® という就職に有利な英語のテストがあり、しかも英検ほど難しくはないらしいと聞いた。

さっそく受験して結果を見ると 715 点。まあ、そんなものかなと思いました。その当時、英語科以外の外大の学生の平均点が、そんなところだろうと思います。その後普通に就職して仕事をしていたのですが、ある時もっと英語の環境にどっぷりとつかった仕事をしてみたいと思い、外資系の会社へ転職することを決断しました。すでに社会人になって 15 年くらい経ちますが、英語の世界からは離れた生活をしていたのです。

820点時代

その間2～3年に1回ぐらい実力確認の意味でTOEIC®L&Rテストは受けていました。ちょうどその時のスコアが820点。外資系と言ったって、800点超えているんだからなんとかなるだろうと思っていたのですが、いざ転職してみると、この会社では社内公用語は英語。会話では本当に大変な苦労をしました。実はそれまで英語で話をしたことがなかったんです。この会社に入って初めて英語をしゃべったんです。そこからは話すための英語の勉強を必死にやりました。1年ぐらい経ってようやく成果が出てきたと思ったらリーマンショックが起き、会社にいた外国人は次から次へと帰国。仕事で英語を使う機会がほとんどなくなってしまいました。その後は自宅で勉強を継続しました。

925点時代

本気で英語の勉強をしよう。そう意気込んで受けたのは英検一級の試験でした。一次試験は受かったのですが、二次試験は駄目でした。そしてTOEIC®L&Rも受けると、こちらの結果は925点。ここからは人生でこれほど勉強したことがあっただろうかというぐらいやりました。いわゆるオンライン英語レッスンを受けるのですが、ひとつの学校で用意しているクラスだけでは足りず、別の学校のレッスンも並行して受けました。一番多い時で、月に60時間以上。さらに、読書量も増やしました。やはり単語の数を増やすのは大事ですからね。

海外ドラマも勉強の素材として有効です。私は英語の字幕にしてそれを読んで話している会話も聞き逃さないようにしました。会話も字幕も早いので速読の練習にもなると思います。そうして過ごした約2年の猛特訓の成果がようやく現れました。英検一級の二次試験に合格。そして同じ時期に受けたTOEIC®L&Rテストは985点でした。

実は何を隠そう私が一生懸命勉強してきたのは英検一級を取るためであり、TOEIC®のためではありませんでした。TOEIC®の高得点はいわば英検の勉強の副産物としての結果だったんです。

効率を求められるのが TOEIC®

——英検用の勉強をしていれば自然に TOEIC® の点数は上がる？　勉強法も同じ？　そもそも英検と TOEIC® はどう違う？

　私の場合は確かに TOEIC® だけのために勉強したのは 985 点を超えてからなのですが、英検の勉強と TOEIC® の勉強は違います。TOEIC® はとにかく時間がないので効率よく答えていかないと間に合いません。その点、英検はじっくり考える時間があります。そして TOEIC® はビジネスで使うための英語の能力が試されるのに対して英検は文化や文学的な表現まで試されますので、出てくる単語や文法も TOEIC® と比べると難しい。しかし TOEIC® も 900 点を超えたあたりからは、そう簡単に点数は伸びません。意外と難しい単語が出てくることもあるんです。特に PART7 の長文では「え？　こんな単語見たことない」という単語に遭遇することもあります。TOEIC® には点数の区分がありますが、それぞれのスコアに応じて簡単に勉強法をまとめると次のようになります。

730 点、860 点突破で集中すべきは、文法！

　TOEIC® で試される文法はそれほど難しいものではないので早い段階でしっかり覚えてしまうことがスコアアップの秘訣です。そして **900 点を超えるためには文法を完全なものにするのに加えて、単語の数を沢山覚えること。そして、満点を目指すのなら TOEIC® 以外の勉強をすること。**例えば英検の勉強などはとても役に立ちます。

　それから模試をたくさん解くこともスコアアップには有効です。模試にもいろいろありますが韓国模試もいいです。「YBM」は本番に近い問題が沢山出ています。韓国では、実際の試験に使われたものが「既出問題集」として出版されており、こちらを入手するのがおすすめです。

あっこ　—編集協力—
東京外国語大学卒業
2012 年　英検 1 級合格　2016 年 全国通訳案内士取得
2017 年　TOEIC 990 点
オンライン英会話スクール A&A English 代表　Twitter ID: @akko1454

名 詞

accountability	Tex Acute Co. conducted an internal review of carbon emissions as part of their environmental accountability initiative.
anecdote	Ms. Lee often shares anecdotes about her job.
apprentice	Mr. Smith worked as an apprentice electrician during his probation period.
aptitude	Given his aptitude for language, Mr. Weiss was transferred to the overseas branch office that had just opened.
article	Ms. Narumai purchased three articles of clothing.
canteen	Oue Remedy's canteen now serves vegetarian meals.
carousel	Members of the Blue Green Tour should meet at carousel 4 in terminal 3 after arriving at Changi Airport.
concession	Tachikawa Tech made several concessions when negotiating the contract, but managed to secure favorable terms.

aptitude は元々持っている能力。潜在能力
capability は発揮することができる能力や才能
ability は現在持っている能力。現在までに培った能力

責任	テキサキュート社は、環境責任構想の一環として、炭素排出量の内部検査を実施した。
逸話	リーさんは、よく自分の仕事の逸話を話す。
見習い	スミスさんは、試用期間中に見習い電気技師として働いていた。
能力 ※ capability、ability との違いは下記参照	言語能力があったので、ヴァイスさんは開設したばかりの海外支店に転勤した。
点〔品目〕	成舞さんは、衣服を3点購入した。
社員食堂 ※〈英〉は canteen 〈米〉は cafeteria	現在オオウエレメディの社員食堂では、ベジタリアンメニューを提供している。
回転式コンベアー	ブルーグリーンツアーの参加者は、チャンギ空港に到着したら、第3ターミナル4番の回転式コンベアーに集合すること。
譲歩 ※ compromise との違いは下記参照。	立川テックは、契約交渉の際にいくつかの譲歩をしたが、有利な条件をなんとか確保することができた。

concession は競い合った状態から負けを認めて譲歩する
compromise は元々分かっていた差について譲歩する

consortium	The new railway development was driven by a consortium of big construction firms.
courier	Wolfex uses a courier service whenever they need to get time-sensitive materials to their clients.
crate	Please put your belongings in the crate with your name tag for the office move.
descent	The architectural designs for the new Chuo Textile Co. office building featured a curved staircase with a steep descent.
eatery	Mr. Ono usually goes to lunch at an eatery that is right next to our office.
engagement	Enhancing corporate engagement among employees is a critical issue.
excerpt	The news article included an excerpt of the president's official statement.
execution	Melvlex's execution of the plan exceeded expectations.
expertise	Mr. McClary's expertise in the IT industry led the project to success.
feat	Mr. Johnson's dedication brought an outstanding feat of engineering to Wollstone University at last.

共同事業体	その鉄道開発は、巨大な建設会社による共同事業体で運営された。
国際速達便〔クーリエ〕	ウォルフレックスは、時間に制約のある資料を顧客に送る際には、国際速達便のサービスを使っている。
木箱	会社の引越しに備えて、ネームタグが付いた箱に荷物を入れてください。
下り	新しい中央テキスタイル社のオフィスビルの建築設計は、急な下り坂の湾曲した階段を特徴としていた。
飲食店	小野さんは、普段オフィスのすぐ横にある飲食店にお昼を食べに行っている。
〔仕事への〕**関与**	従業員の会社への関与を高めることは、重要な問題だ。
抜粋 ばっすい ※ PART3、4、7で頻出	ニュース記事には、大統領の公式声明の抜粋が含まれていた。
実行	メルブレックスの計画の実行（結果）は、期待を上回るものだった。
〔専門家の〕**知見**	マクラリーさんの IT 産業における専門家としての知見が、プロジェクトを成功に導いた。
偉業	ジョンソンさんの献身により、ウォルストン大学に卓越したエンジニアリングの偉業がついにもたらされた。

gratitude	The year end bonus is an expression of our gratitude for our employees.
gratuity	Ms. Kato left an extra large gratuity for her server for the excellent service.
hallmark	One hallmark of a good manager is the ability to influence people.
hemisphere	Ms. Wakatsuki's colleague often travels to countries in the southern hemisphere on business.
houseware	Melvlex has maintained its North American market share in houseware products for the past three years.
hygiene	Managing hygiene is very important to Conors Table restaurant.
implication	The success of Info Tech's new cellphone has implications for the entire industry.
influx	The customs officials had to work efficiently because of a large influx of foreign visitors.
installment	Mr. Matsui made a down-payment on the new car, and will pay the balance in monthly installments.
insurer	Aoyama Life Insurance offers more attractive options than most of the insurers in the country.

感謝	年末ボーナスは、社員への感謝の気持ちを表している。
チップ	加藤さんは、給仕係の素晴らしい対応に感激して、かなり多額のチップを手渡した。
特徴	優れたマネージャーのひとつの特徴は、人々に影響を与える能力である。
半球	若月さんの同僚は、南半球の国々へよく出張する。
家庭用品	メルブレックスは、北米における家庭用品のシェアをここ3年維持している。
衛生	衛生管理は、コナーズテーブルレストランにとって大変重要なことだ。
影響	インフォテックの新しい携帯電話の成功は、業界全体に影響を与えている。
到来	税関職員は、多くの外国客が来るので、効率よく働かねばならなかった。
分割払いの1回分	松井さんは、新しい車を買うために頭金を払い、残りは毎月分割払いで支払う。
保険会社	青山生命保険は、国内の大半の保険会社よりも魅力的なオプションを提供している。

liaison	Ms. Takeuchi is a liaison to Maui Fresh Bevelage headquarters.
mediation	Mr. Lee recommended Ms. Peterson submit the necessary materials to the mediation committee.
meteorologist	Meteorologists have found a clear correlation between daily temperature changes and drink sales.
momentum	After Ms. Takeuchi joined as the new sales manager, Chuo Textile's sales have gained momentum.
morale	The praise from the executives at Ping Rig Software was a real morale boost for the programmers.
norm	The HR manager at Wollstone helped to establish norms for providing feedback to employees
occupancy	When a big convention is held, the occupancy rate of hotels around the venue increases.
outreach	Greigebit Co. was honored for their many years of local outreach.
penetratration	Miura C & H Co. is trying to further its penetration of the Belgian market.
perk	The official credit card of Blue & Green Airlines includes perks such as free lounge access and earning double miles on dining.

連絡係	竹内さんは、マウイフレッシュビバレッジ本社の連絡係だ。
調停	リーさんは、調停委員会に必要な資料を提出するようピーターソンさんに勧めた。
気象学者	気象学者は、毎日の気温の変化と飲み物の売上高には明確な相関関係があることを明らかにした。
勢い	竹内さんが新たにセールスマネージャーに就いてから、中央テキスタイルの売上は勢いを増した。
意気込み	ピングリグソフトウェアのプログラマーは、幹部からの称賛によって、本当に士気を高めた。
〔社会生活などの〕 **基準**	ウォルストンの人事マネージャーは、従業員に意見を提供するための基準を制定するのを手伝った。
稼働率	大きなコンベンションが開催されると、近隣のホテルの稼働率が高くなる。
奉仕活動	グレージュビット社は、長年にわたる地域の奉仕活動で表彰された。
進出	ミウラ C&H 社は、ベルギーでの市場進出を促進しようとしている。
特典	ブルー&グリーン航空の公式クレジットカードには、ラウンジへの無料アクセス、食事でのマイル獲得が 2 倍になるなどの特典が含まれている。

petition	Tokyo Mart will submit a petition to the Food Manufacturers Association for fair trade conditions.
probation	Ms. Miura was too busy to find an apartment near her office until after she had successfully completed her new employee probation period.
proceeds	All the proceeds from the benefit concert will go to the student association.
procurement	The procurement costs went up due to the steep rise in crude oil prices.
quarantine	A passenger suspected of having a virus was stopped at Triffon International Airport, and put into quarantine.
quarter	Mr. Tateishi visited small restaurant located in the Italian quarter in NYC with his colleague last Friday night.
quota	Mr. Baker is a top-notch sales person and regularly exceeds his monthly quota.
realm	Ms. Miura's interests are in the realm of science.
reservoir	Mr. Anderson's reservoir of knowledge will be useful for his future job.
respondent	Mr. Iwamoto's job is to collect questionnaire respondents.

請願〔書〕 <small>せいがん</small>	トウキョウマートは、食品製造業者協会に公正取引条件についての請願書を提出する。
見習い中の	三浦さんは、見習い期間が終わるまではアパートを見つけることもできないほど忙しかった。
収益	チャリティーコンサートの収益は、全て学生協会へ寄付される。
調達	原油価格の急激な高騰により、調達コストが上昇した。
隔離	ウイルス保菌の疑いがある乗客が、トリフォン国際空港で足止めされ、隔離所に案内された。（注：put into＝案内する）
地区	立石さんは、先週の金曜日の夜、同僚とニューヨーク市のイタリア地区にあるレストランを訪れた。
ノルマ	ベイカーさんは、一流の営業担当者であり、いつも月間のノルマを超えている。
分野	三浦さんは、科学の分野に興味を持っている。
〔知識などの〕**蓄積**	アンダーソンさんが蓄積した知識は、彼の将来の仕事に役立つだろう。
回答者	岩本さんの仕事は、アンケートの回答者を集めることだ。

revelation	Some revelations came out in our M&A plan.
rubble	The demolition crew was so thorough, there wasn't the slightest trace of any rubble at the site after the building had been taken down.
securities	Fukushima Securities was spun off from Japan's largest securities company.
sewer	Due to sewer construction work at Kenton Road on Saturday, there will be a detour via West 3rd Avenue.
shed	Mr. Kitano built a shed in his backyard for his boat.
specimen	Blue Green Med keeps numerous frozen specimens in their laboratory.
speculator	Many speculators in Silicon Valley have technological expertise.
staffer	Each Bell staffer will be provided with a smartphone.
subordinate	Ms. Keenan's subordinates on the team were all excellent workers.

〔意外な〕**新事実**	M&A計画に関するいくつかの新事実が、明らかになった。
がれき	解体作業者が非常に徹底していたので、建物が解体された後の現場には、がれきの痕跡がほとんどなかった。
証券会社	福島証券は、日本最大の証券会社から分離独立した。
下水管	土曜日にケントンロードで下水道工事があるので、ウェスト 3rd アベニューを経由する迂回路が用意される。
納屋・小屋	北野さんは、裏庭に彼のボートのための小屋を建てた。
標本	ブルーグリーンメッドは、研究所に多くの凍結した標本を保管している。
投資家	シリコンバレーの投資家の多くは、技術の専門知識を持っている。
社員、スタッフ ※ staff, staffer, a staff member については下記参照	ベルの社員には、一人一台スマートフォンが支給される。
部下	キーナンさんのチームの部下は、全員優秀な社員だった。

staff は職員などの組織の一団を指す

staffer は staff の中の一人を指し、政府関係者、報道関係者に使われることが多い

a staff member は staff の中の一人を指す場合に使われる

☐ ☐ ☐	**subsidy**	Tex Acute Co. will apply for the California AI technology subsidy for their new department.
☐ ☐ ☐	**successor**	The retiring CEO of Doggy Land Co. has designated his successor.
☐ ☐ ☐	**testimonial**	For Morton products, you can find detailed assembly instructions and user testimonials on the website.
☐ ☐ ☐	**tolerance**	The machine parts were manufactured with a tolerance that exceeded specifications.
☐ ☐ ☐	**turbulence**	Flight ALM307 arrived on time despite severe turbulence.
☐ ☐ ☐	**upside**	The terms and conditions in the contract have a lot of upsides for Dent Amalgam Co.
☐ ☐ ☐	**utterance**	Tex Acute's innovative speech recognition system can detect even the most subtle utterance.

他動詞

☐ ☐ ☐	**abolish**	Ping Rig Software has abolished the nine-to-five work day and introduced a flex-time system.
☐ ☐ ☐	**adjourn**	The board members of Wollflex Co. adjourned the meeting before coming to a vote.

助成金	テキサキュート社は、新しい部署のためにカリフォルニアの AI 技術促進の助成金制度を利用する予定だ。
後継者	引退を控えたドギーランド社の CEO は、後継者を指名した。
お客様の声 ※ testimonial と al で終わっているが名詞	モートンの製品については、ウェブサイト上で詳しい製品の組み立て方とお客様の声を見ることができる。
許容誤差	その機械部品は、仕様を超える許容誤差で製造された。
乱気流	ALM307 便は、ひどい乱気流に巻き込まれたにもかかわらず定刻で到着した。
利点	その取引条件は、デントアマルガム社にとって多くの利点がある。
発声	テクサキュート社の革新的な音声認識システムは、最も微妙な発声でさえも検出できる。

〔制度などを〕 廃止する	ピングリングソフトウェアは、（9時5分の）固定時間制を廃止し、フレックス制を導入した。
〔会議などを〕 延期する	ウォルフレックス社の理事会メンバーは、投票に入る前に会議を延期した。

147

advocate	Ms. Alexandrov advocates exercise as the secret to a long life.
attain	Mr. Carric's career objective is to attain the position of sales manager.
attribute	The CEO attributed her success to the hard work of all her colleagues.
avert	Troy Tech is finding suppliers for new components to avert a production delay.
bolster	Doggy Land's new television commercial bolstered their dog food sales.
commence	Michelle Inc.'s person of the year awards ceremony commenced as scheduled.
conserve	The local residents made an effort to conserve the nearby woodlands for future generations.
deduce	By examining market patterns, Ms. MacLeod deduced that sales would peak next quarter.
deem	Troy Tech's CEO deemed additional R&D spending a good investment.
defer	Iwamoto Marin Tech has deferred their new motor boat launch untill next season to improve the fuel efficiency of its engine.

〔～を〕**推奨する**	アレキサンドロフさんは、長寿の秘訣として運動を推奨している。
〔～を〕**手に入れる**	キャリックさんの職業上の目標は、営業部長の座を手に入れることだ。
〔～の〕**賜と考える**	CEO は、彼女の成功は彼女の同僚全員の努力の賜と考えている。
〔危険などを〕**防ぐ／回避する**	トロイテックは、生産遅延を回避するために新しい部品の供給業者を探している。
〔～を〕**てこ入れする**	ドギーランドの新しいテレビコマーシャルにより、ドッグフードの販売がてこ入れされた。
〔～を〕**始める／**〔～を〕**開始する**	ミシェル社の「今年の人」の表彰式は、予定通り始められた。
〔～を〕**保護する**	地元住民は、将来の世代のために近隣の森林地帯を保護する努力をした。
〔～だと〕**推定する**	市場の傾向を調査することにより、マクロードさんは、次の四半期に売上高がピークに達すると推定した。
〔～と〕**見なす**	トロイテックの CEO は、追加の研究開発費の支出が適切な投資であると見なした。
〔～を〕**延期する**	岩本マリンテックは、エンジンの燃費を向上させるために新しいモーターボートの発売を来シーズンまで延期した。

depict	The travel brochure depicted beautiful scenery.
detain	Due to inclement weather Mr. Tokunaga was detained at Dallas Airport.
dictate	There is no doubt that the new product roadmap announced by the Monteria CEO will dictate future sales.
dim	This LED bulb can be dimmed to adjust the lighting.
dismiss	The conference was dismissed early due to severe weather.
dispel	Ms. Morimoto's explanation dispelled my concerns about the project.
disseminate	Montelia Co. considers social media a useful tool for disseminating information about their new products.
distract	Mr. Williams was so focussed on taking the test that he wasn't distracted by any of the background noise.
entrust	Ms. Kawakami will entrust most of her duties as president to a reliable partner within a year.
intimidate	The success of Greigebit's new video game intimidated their rivals.

〔絵などで〕 〔〜を〕**描写する**	旅行パンフレットには、美しい景色が描かれていた。
引き留める	悪天候により、徳永さんはダラス空港で引き留められた。
〔〜に〕**影響する**	モンテリアの CEO が発表した新しい製品計画が、将来の売り上げを左右することは間違いない。
〔照明や明かりを〕 **落とす**	このLED電球は、調光して暗くすることができる。
〔〜が〕**解散した**	悪天候のため、会議は早めに解散した。
〔疑いなどを〕 **払しょくする**	森本さんの説明により、そのプロジェクトに対する私の心配が払しょくされた。
〔情報などを〕**拡散する** ※〈米〉では SNS よりも social media が一般的	モンテリア社は、SNS は自社の新製品の情報を拡散するのに便利なツールだと考えている。
気を散らす	ウィリアムズさんは、試験に集中していたために周りの雑音に気を取られなかった。
〔〜に〕**任せる**	川上さんは、社長としての任務の大半を1年以内に信頼できるパートナーに任せる。
〔ライバルを〕 **脅かす**	グレージュビットの新しいゲームソフトの成功は、ライバルを脅かした。

oversee	Ms. Alba's role at this site is to oversee the construction project.
overshadow	Ms. Jones hopes the new talented staff member doesn't overshadow our manager.
rebuke	The prompt response to the accident from Bell Peters PR Inc. allowed Goro Tech to avoid being rebuked by the international community.
reconcile	Mr. Smith says innovation can come from reconciling the conflicting requirements of high quality and low cost.
redeem	After collecting 100 points at Conner's Cafe, you can redeem a coupon for a free coffee.
shred	Earthly Friends Co. shreds office waste from computers to handheld devices, at a reasonable price.
slump	Sakanoue Software's sales slumped last quarter, but they were able to recover because new products came out this quarter.
solicit	Mr. Tamura often solicits advice from his senior colleagues when he faces a problem with his clients.
subsidize	Fuji Food Co. Ltd.'s application to have City Hall subsidize their environmental reclamation initiative was approved.
tow	A tow truck towed the car away which had been parked in the no-parking zone.

〔~を〕**監督**〔監視〕**する**	アルバさんの現場での役割は、建設プロジェクトを監督することだ。
〔~の〕**影を薄くする**	ジョーンズさんは、新しく入社した才能豊かなメンバーのせいで、部長の影響力が小さくならないことを願っている。
叱責する しっせき	ベルピーダース PR 社の事故に対する迅速な対応により、ゴローテックは国際社会からの非難を回避できた。
〔~と~を〕**両立させる**	スミスさんは、イノベーションとは、高品質と低コストという相反する要件を両立させることから生まれることもあると言っている。
〔商品券などを商品と〕**引き換える**	コナーズカフェで100ポイント貯めると、無料コーヒー券と引き換えできる。
〔~を〕**破砕する** はさい	アースリーフレンズ社は、オフィスの廃棄物ならコンピューターから小型機器まで、お手頃な価格で破砕してくれる。
〔売上などが〕**急落する**	坂上ソフトウェア社の売上は、前四半期に急落したが、今期は新製品が出たので埋め合わせることができた。
〔意見などを〕**求める**	田村さんは、顧客に関する問題に直面すると、時々先輩からのアドバイスを求める。
〔~に〕**助成金を与える**	フジフード社の環境再生事業に対する、市の助成金の申請が承認された。
〔クルマ・船などを〕**牽引する** けんいん	レッカー車が、駐車禁止区域に駐車されていた車を牽引した。

☐☐☐	**vacate**	Mr. Jackson became the new CEO of Vector Circuit after the former CEO vacated his seat for personal reasons.
☐☐☐	**vend**	Keenans Cosmetic Co. vends products that appeal to consumer aesthetics and sensibilities.
☐☐☐	**weed**	Michigami Tech employees volunteer to weed the garden in the park every June.
☐☐☐	**withstand**	Montelia Co. developed a new rust prevention surface treatment that can withstand harsh weather conditions and even saltwater.

自動詞

☐☐☐	**abound**	Dr. Takagaki's latest paper abounds with revelations.
☐☐☐	**amble**	The former president of Melvlex loved ambling around in the backyard when he had to come up with a new ideas.
☐☐☐	**concur**	Ms. Araguchi concurred with her manager about their outsourcing plan.
☐☐☐	**confer**	Ms. Harrison conferred with her manager about their sales plan for next month.
☐☐☐	**dwindle**	After Narumai Co. introduced new machines, the number of defective products dwindled.

〔職や地位などを〕 **辞任する**	ジャクソンさんは、前の CEO が個人的な事情で辞任した後に、その会社の新 CEO に就任した。
〔~を〕**販売する**	キーナンズコスメティック社は、消費者の美意識と感性に訴える商品を販売している。
草むしりをする	道上テックの社員は、毎年 6 月になるとボランティアで公園の草むしりをする。
耐える	モンテリア社は、悪天候や海水にも耐えられる新しい防錆表面処理を開発した。

満ちている	高垣博士の最新の論文は、多くの発見に満ちている。
ぶらぶら歩く	メルブレックスの前社長は、新しいアイデアを考え出さないといけない時、裏庭をぶらぶら歩くのが好きだった。
〔考えが〕 **同じである**	荒口さんと、彼女のマネージャーのアウトソーシングの計画についての考えは同じだった。
話し合う	ハリソンさんは、来月の販売計画について経営者と話し合った。
次第に減少する	ナルマイ社では新しい機械の導入により、不良品の数が、次第に減少してきた。

☐☐☐	**preside**	Mr. Johnson presided over Queens Furniture Company's annual conference.
☐☐☐	**project**	The number of female engineers is projected to rise by 20% next year.
☐☐☐	**proofread**	Mr. Cruz asked his colleague to proofread his column before he sent it out for publication.
☐☐☐	**prosper**	Fuji Entertainment has prospered under their new CEO.
☐☐☐	**recur**	Nagata Machinery's Osaka factory workers took proper measures to prevent previous quality issue from recurring.
☐☐☐	**speculate**	Mr. Johnson speculated about changes in technology standards.

形容詞

☐☐☐	**amiable**	Wollstone's call center employee sounded amiable over the phone.
☐☐☐	**arduous**	It was an arduous task for Ms. Takeuchi to develop a new market overseas.
☐☐☐	**biannual**	Express Co. performs biannual safety checks on their trucks.

議長を務める	ジョンソンさんは、クイーンズファニチャー社の年次会議の議長を務めた。
予想される	女性エンジニアの数は、来年20%増加すると予想される。
校正する	クルーズさんは、出版のためにコラムを送る前に校正するよう同僚に依頼した。
繁栄する	フジエンターテイメントは、新しい最高経営責任者の下で繁栄した。
再発する	永田マシーナリーの大阪工場の労働者は、以前の品質問題の再発を防ぐために適切な対策を講じた。
推測する	ジョンソンさんは、技術標準の変化について推測した。

〔性格など〕 感じの良い	ウォルストンのコールセンター職員は、感じの良い声で電話に応えた。
骨の折れる	竹内さんにとって海外で新しい市場を開拓するのは、骨の折れる仕事だった。
年2回の	エキスプレス社は、年2回トラックの安全点検を実施している。

chronic	Star Connect Co. should hire more workers to overcome the chronic labor shortage at their factories.
cognitive	As Muller Software improves the ability of AI to emulate cognitive functions, it will enhance the quality of their work.
coherent	The key to the success of Ken Temp Agency was their coherent strategy.
consecutive	Iwamoto Marine Tech beat their sales targets for four consecutive years.
crucial	It is crucial that the problem be reported immediately.
culinary	Mr. Fukushima just signed up for a cooking class so he can improve his culinary skills.
cumbersome	Although the device looks cumbersome, it is actually easy to use.
disruptive	The startup IT company developed a disruptive new search engine technology.
faulty	With the introduction of the new manufacturing line, the incidence of faulty products has been dramatically reduced.
feasible	After thorough discussion, Wollstone's board of directors concluded that the business plan was feasible.

慢性的な	スターコネクト社は、工場の慢性的な労働力不足に打ち勝つために、もっと労働者を雇うべきだ。
経験的知識に基づいた	ミューラーソフトウエアは、AI の経験的知識に基づく認知機能を改善し、仕事の質を高めようとしている。
首尾一貫した	ケンテンプエージェンシーの成功への鍵は、彼らの首尾一貫した戦略によるものである。
連続で	岩本マリンテックは、売上新記録を 4 年連続で達成した。
極めて重要な	問題をすぐに報告することは、極めて重要である。
料理の	福島さんは、料理の腕を磨くために料理教室に申し込んだばかりだ。
厄介そう (やっかい)	新しい装置は厄介そうに見えるが、実際はそうでもなかった。
〔常識を覆すほど〕 破壊的な	その新興 IT 企業は、検索エンジンの世界で破壊的な新技術を開発した。
欠陥のある	新しい製造ラインの導入により、欠陥のある製品の発生率が劇的に減少した。
実現可能な	ウォルストン社の取締役会は、徹底的な議論の後に、このビジネスプランが実現可能と結論づけた。

☐☐☐	**fierce**	Jump Co. is currently No. 1 in the industry, after having overcome fierce competition in the sneaker market.
☐☐☐	**foremost**	The motto of Maurizia Hotel is to provide the foremost hospitality to every guest.
☐☐☐	**formidable**	Mr. Takehi's skills in technical writing are formidable.
☐☐☐	**impending**	Modern Home Co. is paying close attention to impending business risks with its overseas supplier.
☐☐☐	**janitorial**	A janitorial position is available at Shibuya University.
☐☐☐	**loquacious**	Mr. Takahashi is a very popular tour guide because he's so loquacious.
☐☐☐	**obsolete**	Pretech Machinery's production line became more efficient after replacing an obsolete device with the latest model.
☐☐☐	**optimal**	We came up with an optimal solution for our client.
☐☐☐	**persuasive**	Mr. Tateishi's presentations are so persuasive, customers almost always purchase his company's products afterwards.

〔競争などが〕**激しい**	ジャンプ社は、スニーカー市場の厳しい競争に勝ち抜き、現在は業界1位である。
最高の	マウリッツィアホテルのモットーは、全てのお客様に最高のおもてなしをすることだ。
素晴らしい	武樋（たけひ）さんには、素晴らしい技術文書作成の能力がある。
差し迫った	モダンホーム社は、海外のサプライヤーとの差し迫ったビジネスリスクに細心の注意を払っている。
管理人の ※ janitor については 下記参照	渋谷大学では管理人を、求めている。
おしゃべりな	ツアーガイドの高橋さんはおしゃべりなため、とても人気がある。
時代遅れの	プリテックマシーナリーの生産ラインは、古くなった機械を最新のモデルに交換し、より効率的になった。
最適な	我々は、顧客のために最適なソリューションを考案した。
説得力のある	立石さんのプレゼンテーションは、十分に説得力があり、顧客はその後、ほぼ毎回彼の会社の商品を購入する。

※ janitor（形容詞：janitorial）の主要な仕事は清掃になるが、建物内の電気設備に関する仕事や軽い補修のような仕事も行う

☐☐☐	**predominant**	Automobiles are predominant exports of Japan, the United States and Germany.
☐☐☐	**proficient**	The optical products created by Nuruki Engineering are individually crafted by their highly proficient employees.
☐☐☐	**prosperous**	Mikami Antiques' business is becoming more and more prosperous.
☐☐☐	**redeemable**	This coupon is redeemable for one slice of pizza and is valid through this weekend.
☐☐☐	**resourceful**	Mr. Tajima is lucky to have such a resourceful manager on this project.
☐☐☐	**rocky**	Doggy Land got off to a rocky start, but became quite successful in its second year.
☐☐☐	**sloppy**	As an accountant, Mr wilson often has to help his clients clean up sloppy doccumentation.
☐☐☐	**stagnant**	After a long stagnant period, finally the market has picked up.
☐☐☐	**state-of-the-art**	Global Weather's weather forecast system uses state-of-the-art technology.
☐☐☐	**stellar**	The pianist gave a stellar performance before an audience.

重要な	自動車は、日本、アメリカ、ドイツの重要な輸出品である。
熟達した	塗木エンジニアリングが生み出す光学製品は、熟達した技を持つ職人によってひとつひとつ手作りされている。
〔ビジネスなどが〕 **好調になる**	三上アンティークの事業は、ますます好調になっている。
交換可能な	このクーポンは、今週末までピザ1切れと交換可能だ。
機転が利く	田島さんが、このプロジェクトでこれほど機転が利くマネージャーと仕事ができるのは、幸運である。
困難な	ドギーランドは、困難なスタートを切ったが、2年目にはかなり成功した。
ずさんな	会計士としてウィルソンさんは、しばしば顧客がずさんな書類を片付けるのを手伝わなければならない。
〔景気などが〕 **停滞した**	長期間景気が停滞していたが、やっと市場が活発に動き出した。
最先端の	グローバルウェザーの気象予報システムは、最先端のテクノロジーを使用している。
非常に素晴らしい	ピアニストは、聴衆の前で非常に素晴らしい演奏を行った。

transient	One analyst said that the trend was likely to be transient and things would get back to normal soon.
trivial	Even something as trivial as a screw is a critical part of the supply chain.
understaffed	Fuji Mart will hire some temporary personnel to avoid being understaffed during their peak sales season.
unprecedented	Although Mr. Moore's sales method is unprecedented, it is very effective.
versatile	Mr. Haley is one of the most versatile writers of his age.
vulnerable	Popurelex Co.'s new software product fixes previous weaknesses in the OS, which had been vulnerable to cyber attacks.
well-rounded	Ms. Wakatsuki has a well-rounded background in public relations.

フレーズ

first-come, first-served	Connectex's new smartphone will be sold on a first-come, first-served basis.
bottom line	Fukushima Engineering has to sell 10 percent more than last month in order to keep their bottom line on target.

一時的な	あるアナリストは、その傾向は一時的なものであり、すぐに通常の状態に戻ると言った。
些細な（ささい）	ネジのような些細な物でさえ、サプライチェーンの重要な要素である。
人員不足の	フジマートは、繁忙期に人員不足にならないように臨時スタッフを採用する。
前例のない	ムーアさんの販売手法は前例のないものであるが、非常に効果的だ。
多才な	ヘイリーさんは、彼の年代で最も多才な作家の一人だ。
〔攻撃などに対して〕弱い	ポピュアレックス社の新しいソフトウェア製品は、これまでサイバー攻撃に弱かった OS の弱点を克服したものだ。
多岐にわたる	若月さんは、広報活動について多岐にわたる経歴を持っている。

先着順	コネクテクスのスマートフォンは、先着順に販売される。
最終損益	福島エンジニアリングが、最終損益の目標を達成するには、前月比で 10 パーセント余計に売り上げる必要がある。

look over	Ms. Miyamoto took a look over the documents, and everything seemed to be in order.
on the table	The sales plan on the table is going to be approved in the next meeting.
pick up	The summer heat has returned and the sales of frozen desserts have picked up.
satellite dish	The latest satellite dish from Star Wave Co. is very lightweight because of the new material they use.
show off	Greigebit's new smartphone design is so popular that people want to show it off.
take up	Ms. Williams loved the new dress she received, and after she had it taken up slightly, it fit perfectly.
week after next	Ms. Khurana has booked a flight for her business trip the week after next.

目を通す	宮本さんが、書類に目を通したところ、全てきちんと整っているように見えた。
〔議案・計画などが〕 **検討中**	現在検討中の販売計画は、次の会議で承認される。
〔景気・病気などが〕 **回復する**	夏の暑さが戻り、冷凍デザートの販売が回復した。
パラボラアンテナ	スターウェイブ社の最新のパラボラアンテナは、新しい素材を使っているためにとても軽い。
自慢する	グレージュビットの新しいスマートフォンのデザインは、人々がそれを自慢したくなるほどの人気だ。
〔衣類の丈を〕 **短くする**	ウィリアムスさんは、受け取った新しいドレスを気に入ったが、少し丈を上げるとそれはぴったりだった。
再来週	クラナさんは、再来週の出張のために航空券を予約した。

TOEIC® の対策は 4 技能＋2 技能で考える!

　英語学習は通常「読む」、「聴く」、「書く」、「話す」の 4 技能に分けられますが、「文法」と「ボキャブラリー」を加えた、6 技能に分けて対策を考えることで学習効率が良くなると思います。聴く、話すの能力は高いのになぜか文法が苦手な場合、読書量をいくら増やしても TOEIC® で文法問題のスコアアップは狙えません。効率よく TOEIC® のスコアアップを図るためには、それに合った学習のポイントを押さえておきましょう。

●730 点を目指す　①基礎文法をしっかりと覚え、難しい文法は覚えない。②難しい単語は捨てて、730 点レベルの単語だけを覚える。

　試験の最中の注意点　①リスニングでは聴き逃した場合、気持ちを切り替えて次の質問に集中する。②文法問題では難しい問題や「NOT 問題」のように時間のかかる問題は飛ばす。リーディングでは分からない単語があっても気にせず読んでざっくりとした理解で答える。一読して理解できない長文は時間をかけて読み返しても理解が深まるとは考えず、先に進む。

●860 点を目指す　この段階では文法の正答率を上げられるように、そして 1 問あたりにかかる時間をいかに短縮できるかというタイムマネジメントも必要。そのためにも繰り返し練習問題をやること。英語には読む聴くの「インプット」と、書く話すの「アウトプット」がありますが、860 もしくは 800 を超えるまではインプットに集中します。

●900 点を目指す　このレベルを目指すようになったら、インプットだけではなくアウトプットも増やしていくことで理解力がついて行くと思います。それが長文問題でも有効だと思います。すでに文法はほぼ理解できていると思いますので、いかにエラーを減らすかという対策を考える段階だと思います。

　私にとって TOEIC® は「目的（海外赴任）を達成するための手段」だったのでスコアを伸ばす勉強は 945 点でやめましたが、皆さんにもいろんな目的があると思います。それぞれの目標に向かって頑張ってください。

福島　栄二 ―執筆協力―

1988 年　早稲田大学政治経済学部経済学科卒業
2002 年　TOEIC® 875 点取得　2010 年 TOEIC®945 点取得
2010 年　英検 1 級取得　2020 年　全国通訳案内士取得
IPA システムアナリスト　CISA 公認情報システム監査人　他

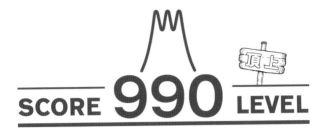

SCORE **990** LEVEL

名　詞

adherence	Fuji Food Service is famous for its adherence to the highest quality standards.
aide	The new hiree at Blue Green Med had previously been a nurse's aide.
ally	Ringo-Tech Co. considers independent software developers important allies in promoting their computing platform.
ascendant	With their latest blockbuster products, Wollflex is ascendant, and beating out the competition.
attire	Everyone will be wearing informal attire for the company picnic.
band	Kyobashi Circus is one of the most popular circuses made up of band of various types of performers.
bond	Tokyo Mart raised capital for their expansion by issuing bonds.
deficit	Since its inception, due to good management and the efforts of their employees, Troy Tech has never been in deficit.
consolidation	The consolidation of those financial institutions will be disclosed before long.

厳守	フジフードサービスは、最高の品質基準を厳守していることで有名だ。
助手	ブルーグリーンメッドの新入社員は、看護助手をしていた。
協力者	リンゴテック社は、独立系ソフトウェア開発者たちがコンピュータープラットフォームを推進させる上で重要な協力者であると考えている。
優位	ウォルフレックスは、最新の大ヒット商品のおかげで、競合他社よりも優位に立っている。
服装 dress code（服装規定）も押さえておく	会社のピクニックでは皆、カジュアルな服装をする。
〔サーカスなどの〕 **一団**	京橋サーカスは、さまざまなタイプの団員で構成された最も人気のあるサーカスの一団だ。
社債	トウキョウマートは、社債を発行することにより業務拡大のための資本金を集めた。
損失	トロイテックは、よい経営者と従業員の努力のおかげで、創業以来損失を出したことがない。
合併	それらの金融機関の合併は、まもなく発表されるだろう。

deliberation	After long deliberation, the soon-to-be-retired CEO appointed her successor.
demeanor	Ms. Muller's confident demeanor encourages all the members on her team.
discrepancy	Wollflex has resolved the discrepancy between the information that they had been providing and what consumers wanted.
discretion	At Cooper Tech, time management is at the discretion of employees.
distraction	The new sound-proof walls in the conference room provide a distraction free environment.
dividend	Crystal Style's dividend went up this year.
edge	Mega Power's latest software product gives it an edge over its competitors.
eloquence	The CEO was known for her eloquence when giving a speech.
extinction	In an extinction prevention initiative, Pet World Co. regularly donates to an association for endangered species.
fluctuation	Fuji Food Service has continued to grow despite severe economic fluctuation.

熟考 <small>じゅっこう</small>	長い熟考の末、退任間近の CEO は後任を任命した。
態度	ミュラーさんの自信に満ちた態度は、チーム全員に勇気を与える。
不一致	ウォルフレックスは、彼らが提供していた情報と消費者が望むものとの間の不一致を解消した。
自由裁量 <small>さいりょう</small>	クーパーテックでは時間管理は、スタッフの自由裁量に任されている。
気が散る	会議室の新しい防音壁は、気が散ることのない環境を提供している。
配当金	今年のクリスタルスタイルの配当金は、上昇した。
優位性	メガパワー社の最新のソフトウエア製品は、他社に対して優位性を与えている。
雄弁	その CEO は、スピーチをする際の雄弁さで知られている。
絶滅	絶滅防止に向けた取り組みで、ペットワールド社は、絶滅危惧種の協会に定期的に寄付している。
〔景気の〕**変動**	フジフードサービスは、激しい景気の変動にもかかわらず成長を続けてきた。

grandeur	Mr. Kaneko was struck by the grandeur of the high mountains in Yamanashi when he moved there from Tokyo.
hypothesis	The R&D project required numerous cycles of testing hypotheses.
inception	Ms. Moore has been Metropolitan Cable TV's marketing lead since its inception.
interim	An interim report was submitted to the steering committee.
intermediary	Box Shelves Co. has decided to go through an intermediary specializing in the East Coast, for their new product line.
lapse	Mr. Thompson maintained focus throughout the negotiations, because he knew that any lapse in judgement might cost him the contract.
occupant	All occupants must have their seatbelts fastened when ridesharing.
ordinance	The governor of California signed the updated ordinance for trash separation.
outskirt	His laboratory is located on the outskirts of NYC
pest	Green Thumb's new product has successfully eradicated multiple varieties of crop-damaging pests.

雄大さ	金子さんは、東京から山梨へ引っ越して、高い山々の雄大さに感銘を受けた。
仮説 ※複数形のスペル変化に注意 左の例文は複数形	その研究開発事業は、多くの仮説の検証サイクルを必要とした。
創業	ムーアさんは、創業以来メトロポリタンケーブル TV のマーケティングリーダーだ。
中間の	中間報告が運営委員会に提出された。
仲介業者	ボックスシェルブス社は、新しい商品ラインのために、東海岸エリアを得意とする仲介業者を通じて取引することにした。
些細な誤り	トンプソンさんは、どんな些細な判断の誤りも契約に関わることが分かっていたので、交渉全体を通して集中力を維持していた。
〔乗り物などの〕 **乗員**	全ての乗員は、ライドシェアリング時にシートベルトを着用する必要がある。
条例	カリフォルニア州知事は、改訂されたごみ分別条例に署名した。
周辺	彼の研究所は、ニューヨーク市の周辺にある。
害虫／有害生物	グリーンサムの新製品は、作物に害を及ぼす害虫をうまく根絶できた。

philanthropy	Mr. Green donated money to three different philanthropies this year.
pointer	With a few pointers from Mr. Dale, Ms. Capman came up with a breakthrough idea for her new product development plan.
precipitation	The weather forecast doesn't call for any precipitation during Mr. Harrisons business trip.
predicament	Last year Mr. Hunter helped his friend out of a financial predicament.
prerequisite	Hiring a certified financial planner is a prerequisite to launching a new business.
propensity	Mr. Ong's generous propensity for giving to others is well known to staff members in Wollflex.
proprietor	Ms. Narumai will negotiate an alliance with the proprietor of the hotel.
pundit	Economic pundits can have a major influence on the purchase or sale of financial instruments.
purveyor	Conor's Table restaurant sources all of their ingredients from local purveyors.
referral	The recruitment program of Mitchi Co. relies on employee referrals.

慈善団体	グリーンさんは、今年3つの慈善団体へお金を寄付した。
アドバイス、ヒント	チャップマンさんは、デールさんから2、3のアドバイスを受けると、新製品開発計画の画期的なアイデアを思いついた。
こうう **降雨**	天気予報では、ハリソンさんの出張期間中は雨は降らないとの予報だ。
苦境	昨年ハンターさんは、経済的苦境にあった友達を助けた。
必須条件	その新事業を立ち上げるには、公認ファイナンシャルプランナーを雇うことが、必須条件だ。
性質	オンさんの他人に対する寛大な性質は、ウォルフレックスのスタッフによく知られている。
経営者	成舞さんが、そのホテルの経営者と業務提携について交渉する。
評論家 ※ critic はさまざまな作品を批評するのに対し pundit は特定分野の専門家として評論する	経済評論家は、金融商品の購入または売却に大きな影響を与えることがある。
供給者	コナーズテーブルレストランでは、全ての食材を地元の供給者から調達している。
紹介	ミッチー社の採用計画は、職員からの紹介を頼りにしている。

remuneration	As Ms. Hayashi cultivated an important new customer, she is expecting extra remuneration.
resolution	Ms. Johnson made a resolution to work hard and get promoted by the end of the year.
snowplow	Tokamachi City Hall has started a free snowplow service for households of the elderly.
tenure	Mr. Michigami has built up a strong position in the sales department during his 10-year tenure.
timepiece	Mr. Amino recommends replacing the timepiece at the reception with a classier one.
troupe	The dance troupe was a big hit with their first performance.
trustee	The matter will be discussed among the trustees of Shinagawa University.
upheaval	The advent of the Internet caused major upheaval throughout the media industry.
viability	Ken Express has evaluated the market viability of their product with a focus group.
waiver	Mr. Fukushima has obtained a tuition waiver because his academic achievement is excellent.

報酬	林さんは大口顧客を開拓したので、追加報酬を期待している。

salary は雇用者が従業員に支払う給料。remuneration は働いた労働に対して支払われる対価。また salary は雇用者との労働契約に基づいて支払われるのに対して、wage は一般的には時間や日数で決められた支給額（時給、日給など）。(guarantee ギャランティは和製英語)

決意	ジョンソンさんは、一生懸命働き年末までに昇進する決意をした。
除雪	十日町役場では、高齢者世帯に対して無料で除雪をするサービスを始めた。
在職期間	道上さんは、10 年間の在職中に営業部門で盤石の地位を築いてきた。
時計	網野さんは、受付の時計をもっと高級なものに置き換えることを勧めている。
グループ 〔一座、一行〕	そのダンスグループは、初演で大ヒットを飛ばした。
理事	その問題については、品川大学の理事会で協議される。
大変動	インターネットの出現は、メディア業界に大変動を引き起こした。
実行可能性	ケンエクスプレスは、製品（サービス）の市場での実行可能性についてフォーカスグループで評価した。※フォーカスグループとは商品やサービスの対象となる消費者として絞り込まれた人々（集団）。
免除	福島さんは、学業成績優秀なため授業料免除を勝ち取った。

他動詞

abate	The new trade agreement abated an import automotive tax.
affirm	Mr. Smith affirmed the direction of our new business strategy.
alleviate	Takahashi Med's new over the counter medication alleviates severe stomach pain.
ameliorate	At Troy Tech, efforts are underway to ameliorate defective manufacturing processes.
beam	Ms. Heng beamed when she found out she had won the competition.
contemplate	Ms. Sunamachi is contemplating changing to a more challenging job.
convene	Leading tech firm Star Connect Co. convened a tech conference in San Francisco.
derive	Chuo Book Supply's figures are based on data derived from their sales activities.
depose	When Mr. Hall deposed Mr. Lee over the phone he stated that photos in the advertisement were not a violation of portrait rights.

〔税金・料金を〕 **引き下げる**	新しい貿易協定により、自動車の輸入税が引き下げられた。
確認する	スミスさんは、我々の新しいビジネス戦略の方向性を確認した。
〜を緩和する	タカハシメッドの新しい店頭販売用医薬品は、ひどい腹痛を緩和するだろう。
〜を改善する	トロイテックでは、欠陥のある製造プロセスを改善するための取り組みが進行中だ。
心からほほえむ	ヘンさんは、コンテストで優勝したことを知って、心からほほえんだ。
〔問題などを〕 **熟考する**	砂町さんは、さらにやりがいのある仕事への転職を熟考している。
〜を開催する	先進的なテック企業のスターコネクト社は、サンフランシスコで技術会議を開催した。
〜を得る	中央ブックサプライの数値は、営業活動により得られたデータに基づいている。
〜を証言する	ホールさんは、広告の写真は肖像権の侵害ではない、と電話でリーさんに証言した。

elude	HSG Motors' new car was nominated as the car of the year, an honor that eluded all other domestic automakers.
embrace	Sakanoue Software always embraces the latest technologies.
entail	Tex Acute Co.'s expansion into developing countries entailed a lot of market research.
enumerate	Sho Kitchin Service's project members enumerated the tasks that will have to be done.
evoke	That single photo evoked memories of when Mr. Uto started his business.
exert	Tennyson's parent company has never tried to exert undue influence over Tennyson.
forge	Montelia forged a firm relationship with Tanaka Seisakusho for product development.
hamper	Thanks to the new 4WD vehicle, the regional salespeople were no longer hampered by rough roads in rural areas.
invigorate	The local government implemented a measure to invigorate the local economy.
land	Ms. Ishiyama landed the marketing job which she wanted to get ever since she graduated from college.

なし得ない	HSG モーターズの新車は、他の全ての国内自動車メーカーがなし得なかった年間最優秀車という栄誉にノミネートされた。
受け入れる	坂上ソフトウェアは、常に最新技術を受け入れている。
～を伴う	テキサキュート社の発展途上国へのビジネス拡大は、多くの市場調査を伴った。
〔～を〕列挙する	ショウキッチンサービスのプロジェクトメンバーは、やるべき業務を列挙した。
〔感情・記憶などを〕思い起こす	その一枚の写真は、宇都さんが起業した頃の記憶を思い起こさせた。
〔権力・影響力など〕を行使する	テニソンの親会社は、これまで我々に対して権力を行使しようとしたことはない。
〔関係などを〕築く	モンテリアは、製品開発において田中製作所と強固な関係を築いた。
邪魔する	新しい4WD車のおかげで、地方の営業担当者は、田舎の悪路で邪魔されることはなかった。
～を活性化させる	その地方政府は、地域経済を活性化させるための措置を講じた。
仕事を手に入れる	石山さんは、大学を卒業して以来ずっとやりたかったマーケティングの仕事に就いた。

	pitch	Mr. O'Connel pitched his idea to his manager, and she gave him approval to proceed.
	recount	The experience Ms. Nuruki recounted in the speech moved the audience deeply.
	relinquish	Wollstone agreed to relinquish their mining rights to support the environmental initiative.
	render	Muller Software Service renders their services to people for free in emergency cases.
	tally	Ishiyama Tech requires all employees to tally all expenditures during their business trips.
	veto	The vote by servers at Conor's Table Restaurant to change their uniforms was vetoed by their manager.

自動詞

	brim	Tokyo Mart was brimming with eager customers during the grand opening.
	deteriorate	Despite the levying of a new tariff on Vell Co.'s products, their net income didn't deteriorate because their sales grew unexpectedly.
	lift	Now the fog has lifted and the summit of Mt. Fuji has appeared.

〔考えなどを〕**訴える**	オコネルさんが、彼の考えをマネージャーに訴えると、マネージャーはそれを進めることを承認した。
〔〜について〕**詳しく語る**	塗木さんがその演説で詳しく語った経験は、聴衆を深く感動させた。
〔権利などを〕**放棄する**	ウォルストーンは、環境政策をサポートするために彼らの採掘権を放棄することに同意した。
提供する	ミューラーソフトウェアサービスでは、緊急事態の場合、サービスを無料で提供する。
〔費用などを〕**集計する**	石山テックでは、出張に伴う出費の集計を全従業員に依頼している。
拒否する	コナーズテーブルレストランの給仕による制服の変更の投票は、マネージャーによって拒否された。

あふれる	トウキョウマートは、グランドオープンの間、熱心な顧客であふれていた。
悪化させる	ベル社の製品に新たな関税が課せられたが、売上高が予想以上に増加したため当期純利益は、悪化しなかった。
〔霧が〕**晴れる**	今（やっと）霧が晴れて、富士山の山頂が姿を現した。

☐☐☐	**sag**	Ms. Ishiyama instructed Mr. Gundlach to find out why the price of cocoa in Cameroon had sagged.
☐☐☐	**unwind**	After a busy day at work, Mr. Benson likes to unwind by doing something creative.

形容詞

☐☐☐	**ambiguous**	Mr. Wong's request was a bit ambiguous, so Ms. García asked him to clarify.
☐☐☐	**barebones**	Hasegawa Corporation's new camera has only barebones functionality since it is targeted at beginners.
☐☐☐	**consequential**	Mr.Tajima's decision to have an in-store display in Tokyo Mart proved to be consequential, as sales nearly doubled.
☐☐☐	**dainty**	While the portions are dainty, the desserts at Jane's restaurant are delicious.
☐☐☐	**demographic**	Demographic data is essential to the marketing activity of companies.
☐☐☐	**explicit**	Mr. Turakhia was explicit in telling his staff that they should proactively ask customers questions in order to understand their needs.
☐☐☐	**exquisite**	Mr. Clark complimented Ms. Smith on the exquisite decor in the front lobby of her office.

〔価格などが〕 **急落する**	石山さんは、ガンドリックさんにカメルーンでココアの価格が急落した原因を突き止めるよう指示した。
リラックスする	ベンソンさんは、仕事で忙しい一日を過ごした後、クリエイティブなことをしてリラックスするのを好む。

曖昧な ※ ambiguous はさまざまに 解釈できる曖昧さに対して、 vague は詳細を伝えない曖昧さ	ウォンさんの要求は、やや曖昧だったので、ガルシアさんは明確にするように頼んだ。
必要最低限の	ハセガワ社の新しいカメラは、初心者向けのため、必要最低限の機能だけが備わっている。
重要な	トウキョウマートで店内陳列をするという田島さんの決定は、売上高がほぼ倍増したことから、重要なものであることが分かった。
小さくてかわいい	ジェーンのレストランのデザートは、小ぶりだがとてもおいしい。
人口統計の	人口統計データは、企業のマーケティング活動に不可欠だ。
明確な	ツラキアさんは、彼のスタッフに対して、顧客のニーズを見つけるために積極的に話を聞くようにと、はっきりと言った。
優美^{ゆうび}な	クラークさんは、スミスさんのオフィスのフロントロビーの優美な装飾をほめた。

grinding	After three grinding months, Fuji Distribution Services finally completed the expansion project.
illustrious	Ms. Fujisawa is an illustrious modern artist.
intriguing	The intriguing business idea of Mom's Choice Co. has attracted a lot of investors.
myriad	At peak times, Star Connect's new trading system manages myriad transactions.
nominal	For a nominal registration fee, Mr. Davidson received over $100 in coupons and other savings.
overhead	With no bricks-and-mortar, strictly online retailer Doggy Land estimates that their overhead costs will be low.
perennial	Flying taxis are expected to solve the perennial problem of urban congestion in the near future.
perpendicular	The streets run perpendicular to the avenues in New York CIty.
prolific	Ms. Wagner was probably the most prolific writer of her generation.
seismic	The seismic change in people's lives brought on by the advent of smartphones was unimaginable.

〔仕事などが〕**過酷な**	フジ配送サービスは、3 か月にわたる過酷な時期を経て、拡張プロジェクトをやり遂げた。
著名な	藤沢さんは、現代美術の著名な芸術家だ。
興味をそそる	マムズチョイス社の興味をそそるビジネスアイデアは、沢山の投資家を魅了している。
無数の	スターコネクトの新しい取引システムは、ピーク時の無数の取引にも対応できる。
ごくわずかの	わずかな登録料で、デビッドソンさんは 100 ドル以上のクーポンやその他の割引を受け取った。
〔企業の〕**経費の**	実店舗はなく、オンラインの小売に限定するドギーランドは、間接費は低くなると見積もっている。 ※ bricks-and-mortal は実店舗のこと
長年の	空飛ぶタクシーは、近い将来に都市の混雑という長年の問題を解決することが期待されている。
直角に	ニューヨーク市では、アベニューに対して通りは直角に交差している。 ※ニューヨークでは南北に走る道を avenue、東西に走る道を street と呼ぶが、国や地域で意味は変わる
〔作家・芸術家などが〕**多くの作品を残す**	ワグナーさんは、おそらく同年代の中では最も多くの作品を残した作家だった。
劇的な	スマートフォンの登場により人々の暮らしが劇的に変化するとは、誰にも想像できなかった。

strenuous	Mr. Shibata's strenuous approach enabled him to get a contract with the new customer.
sturdy	Wolfstone furniture is known for its simple design and being very sturdy.
tangible	No tangible evidence seemed to be presented in the documentary.
unsolicited	Unsolicited sales calls on weekends are restricted in California.
viable	Western Land Housing's sales people think that their business plan is financially viable.

接続詞

albeit	Greigebit's product evaluation report was great, albeit a bit difficult to understand.

副 詞

inherently	Shibata Tech's new remuneration system was inherently fair to all staff members.
meticulously	Mr. Cronin was impressed by how meticulously the workers maintained the manufacturing equipment.

懸命な	柴田さんの懸命な働きかけにより、新しい顧客と契約を結ぶことができた。
丈夫な	ウォルストンの家具は、シンプルだが頑丈な構造であることで知られている。
具体的な	そのドキュメンタリーの中では、具体的な証拠は示されていなかったようだ。
一方的な営業の〔メールや電話の売り込み〕	カリフォルニア州では週末の一方的な営業の電話は、制限されている。
実行可能な	ウェスタンランドハウジングの営業スタッフは、そのビジネスプランは財務的に実行可能と考えている。

〜ではあるが	グレージュビットの製品評価レポートは、少々難解だったものの、素晴らしい内容だった。

本質的に	柴田テックの新しい報酬システムは、本質的に全てのスタッフに平等だった。
細心の注意を払って	クローニンさんは、作業者が製造設備を細心の注意を払って維持したことに感銘を受けた。

フレーズ

as is **(as it is)**	Oregon Optical's design proposal is ready for manufacturing as is, and doesn't require any modifications.
check in **with**	Mr. Adalbert checks in regularly with his secretary when he's travelling.
contingent **on**	Amino Corporation's future is contingent on the outcome of their current product trial.
dwell on	Mr. Yamada didn't have time to dwell on his final victory.
on the anvil	The details of the proposed organizational reformation are still on the anvil.

現状のままで	オレゴンオプティカルの設計提案は、そのまま製造する準備ができており、変更の必要はない。
〔~に〕 **連絡する**	アデルバートさんは、旅行中定期的に秘書に連絡している。
~次第	網野コーポレーションの将来は、現在の商品開発の結果次第である。
〔済んだことに対していつまでも〕 **考える／話す**	山田さんには、最後の勝利についていつまでも話している時間はなかった。
〔計画が〕 **検討中**	提案のあった組織改革についての詳細は、まだ検討中だ。

TOEIC® で単語を覚えることはとても重要です。もっとも TOEIC® に出てくる単語は限られているので、頑張って覚えてしまえば比較的簡単にある程度のスコアまでは、順調に伸びるはずです。その単語の覚え方ですが、私は単語だけでなく、センテンスも一緒に覚えるようにしています。単語だけを覚えても、どんな場合にその単語が使えるのか分からないからです。

　例えば abate という単語があります。意味は〔税金・料金を〕引き下げる、になるわけですが、いざ abate を使ってセンテンスを作れと言われても、意外と難しいものです。またどのような文脈で使われるのが正しいのか、具体的な例文も一緒に覚えておかないと、なかなか応用できません。そこで単語だけでなく abate を使った次のような例文をそのまま覚えます。The new trade agreement abated an import automotive tax. 意味は、新しい貿易協定により、自動車の輸入税が引き下げられた、となります。そこで初めて abate という単語は輸入関税などに使っても大丈夫であることが分かります。

　同じ引き下げるでも「円の価値が引き下げられる」などという場合に abate が使えるかどうかは分かりません。おそらく depreciate が使われると思いますが、「引き下げられる」という意味では同じです。**何がどう引き下げられるのか、**も一緒に覚えておけば、実際に英語を使う時にも正しく使うことができるし、TOEIC® の試験でも abate に関する問題で間違えることはないでしょう。

　この abete という単語、この本の 180 ページに出てきましたが、分かりましたか？　例文もそこで使われたものを引用しました。センテンスを丸ごと覚えるなんて大変！　そう思われる方もいらっしゃるかもしれませんが、辞書に書いてある抽象的なことを丸ごと覚えるよりも覚えやすいと思います。ぜひやってみてください。

若月麻里子 ―執筆協力―

1996 年東京外国語大学卒業、2004 年英国リーズ大学にてマーケティングの修士号取得。2014 年 TOEIC®900 点取得。英語力の基礎はほぼ日本国内でつける。現在はマーケティングコミュニケーションの仕事を中心に活躍中。

長文ではスキミングが効果的

　TOEIC® の試験は 2009 年に初めて受けて、その後 2018 年に会社で強制的に受けさせられるまでは一度も受けていませんでした。その時はどんな試験だったかさえよく覚えていなかったので、公式問題集を買って、1 回分をちゃんとやりました。リスニングでの傾向やリーディングで、最初に文法や単語に関する問題が出て、その後広告や e-mail、長文などが出るということをしっかりと頭に入れて試験に臨んだことで、なんとか 940 点は取ることができました。もう少し準備しておけば良かったと思ったのは、リスニングではアメリカ英語だけではなくブリティッシュイングリッシュやオージーイングリッシュも出ることです。普段アメリカンイングリッシュしか聞いてない方は聴き取りにくいと思いますので、その準備はしておいたほうがいいでしょう。

　反対にやっておいて良かったと思ったのは、普段から英語の雑誌や新聞を読んでいることです。以前マレーシアで 4 年ほど英語環境で仕事をしていましたが、その当時から『Men's Health』、日本でいう『ターザン』のような雑誌、『Harverd Business Review』、『TIME』などは定期購読していました。今でも『Japan Times』、そのオマケでついてくる『New York Times』、『Men's Health』は毎日合計 1 時間ぐらいは読んでいます。『New York Times』には難しい単語がたくさん出てきますが、そんな単語は放っておいて要点だけをつかむような読み方です。これは「スキミング」と呼ばれる読み方ですが、TOEIC® の長文問題ではとても効果的です。

　TOEIC® でハイスコアを狙う目的は人それぞれだと思いますが、その先にある目的……、例えば英語で会計の勉強をしたいとか、建築の勉強をしたいなど、やりたいことと英語を絡めることで、英語も上達させながらその先にある目標にも近づくことができます。好きなことなら飽きないでしょうから、英語の勉強も楽しくなるのではないでしょうか。皆さんもそんな工夫をしながら楽しく TOEIC® でハイスコアを狙ってみてはいかがでしょうか？

道上雅史 　―執筆協力―

2007 年 立命館大学院 国際関係研究科修了
2009 年 TOEIC®885 点取得　2018 年 TOEIC®940 点取得
2012 年～ 2016 年にマレーシア駐在を経験
現在は日系の素材メーカーで海外営業に従事する。

TOEIC® ではなんと言っても TOEIC® 独特の問題に慣れることが大事。公式問題集などで、本番に近い問題をたくさん解くことがスコアアップへの近道だと思います。

　社会人にとって、仕事をしながら英語の勉強を続けるというのは大変です。お昼休みや移動時間などの隙間時間を有効活用してみてはいかがでしょうか？　そのために、問題集をパートごとに分けます。例えば PART5、6だったら各 10 分と決めて時間内に問題を解く。分割しても時間を測って本番と同じタイムプレッシャーの中で解くことが大事です。これは問題を解くと同時にタイムマネージメントの練習にもなるところがポイントです。

　時間のかかる PART7 はパッセージの分量ごとにシングルパッセージ 25 分 / ダブルパッセージ 10 分 / トリプルパッセージ 20 分と、3 分割してやります。一気に 75 分かけてリーディング 1 回分を解くと、ヘビーすぎてハードルが高いので、分割してやった方が気負いなく、結果的に沢山勉強できます。PART7 の問題全てを解いてから、解説を読むより、理解しやすいと思います。

　それから、最近はアプリで TOEIC® の勉強ができるものも増えています。解答時間を測り、発音もすぐに確認できるなど、どのアプリもよくできています。また AI が間違えた問題だけを選んで出題してくれる機能などは、とても便利です。特にリスニングや PART5、6には向いています。長文問題はスマホの場合、画面が小さく見にくいので本の教材が勝ります。これらのツールを使えば通勤の移動時間も楽しく勉強できると思います。このようにちょっとした隙間時間で TOEIC ® の問題に慣れていくことができます。そして時間のある週末などに、模試一回分まるごと挑戦してみてください。

　特にリーディングは本番に向けて時間配分の練習が大切です。分割しても時間配分の練習を重ねていれば、感覚はつかめるでしょう。

三浦けいこ　—執筆協力—
2019 年 TOEIC® 945 点
ラジオ講座などで独学で英語を勉強中。

TOEIC® の勉強は本だけで満点を達成

　私が TOEIC® で満点を取るまでの勉強は公式問題集が中心でした。他には数冊の対策本だけです。各取得スコアとその時に使っていた本を並べると次のようになります。

● 2014年／ 545点：特に TOEIC® の勉強はせずに受けました。

● 2016年6月／ 655点：総合対策本を1冊やりました。

● 2016年9月／ 725点：PART5 対策として『究極のゼミパート5・6』、模試など。

● 2016年12月／ 875点：『文法特急』、『単語特急』。

● 2017年1月／ 905点：公式問題集に加えて韓国模試を使い始めました。ここからは毎月受験し、上がったり下がったりしましたが、**2017年5月950点、9月970点、そして翌2018年1月にようやく990点**を取得しました。その間の勉強は模試を徹底的に読み返し、それ以外の本としては『究極のゼミ超上級編』をやりました。この本では語法と語彙の知識はかなり鍛えられたと思います。その後、学生時代に TOEIC® は990点を5回取得することができました。

　単語を覚えることはとても重要ですが、その覚え方として例文とともに覚えることをお勧めします。そして文法問題のためには、その単語がどの品詞で使われているのか、すぐ分かるようにしておくことも大事です。

TOEIC® の満点が連れてきてくれた友人

　満点を取ったのは学生の時ですが、論文を英語で書く時も文法ミスなどはほとんどなく先生からも褒められたことを覚えています。そして満点を取ったことで勉強会などに出て、いろんな方と出会うことができました。TOEIC® で満点を取らなければ出会うことのなかった年配の方とも知り合いになることができ、自分にとってはかけがえのない財産になっています。

和田　直也 ―編集協力―

2020年　千葉大学大学院　融合理工学府修了
現在：外資系企業エンジニア。Twitter では wada という名前で活動。
匿名で質問できる質問箱が一部のファンの間で人気を博している。
オンライン勉強会も開催中。Twitter ID: @wadatoeic

英語が話せるようになりたい

　TOEIC® の勉強を続けてきたのは「英語が話せるようになりたい」という思いからでした。TOEIC® のスコアは低いところからのチャレンジでしたが、700 点を超えてくると自信も付いてくるので会話にもチャレンジするのですが、まだまだだなと思ったりするわけです。そして TOEIC® では、あるスコアに達すると伸び悩むことがあり、勉強方法を変えることも必要になります。例えば、私の場合 800 点の壁を超えた時は、英会話の勉強時間を増やしました。もっと他に効率の良い方法もあったのかもしれません。しかし、当初の目的が「英語を話せるようになりたい」だったので、好きなことをして効率的に知識を吸収できたのかもしれません。好きなことは人それぞれなので、自分に合った楽しい勉強法を発見することが良いのかもしれません。

　しかし、900 点の壁を超える時は会話だけでは無理でした。自分の弱点は分かっていたので、最後にそこに手を付けた感じです。それは PART5 ですが、ここができるようになれば PART6 を解く力も、自ずと付いてきますし、またリーディング力も付いてきます。PART5 に特化した問題集はたくさん出ていますので、それをやりました。合わせると 2000 問位になっていました。その結果スコアは飛躍的に伸び、990 点を取得することができました。

　満点は取れたのですが、スピーキングには別の勉強も必要です。よく日本人の英語の弱点は話すことだと言われます。それには時間もお金も必要ですが、なによりも**話す相手が必要**です。ところが、これがなかなか難しい。そこで、「AI 英会話スピークバディ」という、AI を相手に会話ができるアプリを作りました。

　スピーキングや発音が上達すると、リスニングも上達します。自分自身の音の認識が正しくなることで、ネイティブの発音を聞き取れるようになるからです。リスニングで点が伸び悩んでいる方は、ご自身の発音を良くするトレーニングをお勧めします。

立石剛史　—編集協力—
AI 英会話を開発する㈱スピークバディ代表取締役 CEO
同社でオンラインの英語パーソナルコーチングサービスも提供。
TOEIC® 満点・英検一級。会計士最年少合格・外資系投資銀行出身。
Twitter ID: @tsuyo_tateishi

公式問題集だけでかなりの成果が

　TOEIC® の公式問題集を中心に勉強しました。リスニングの本番でも公式問題集付属の音声によく似た声質、よく似た問題が出たことがあります。リーディングに関しては、公式問題集で間違えたところはその原因をしっかり突き止め、全て正解するまで何度も繰り返して問題を解きました。

　そして TOEIC® は時間配分もとても重要になります。特に PART 5 をいかに早く終わらせるかが勝負です。問題によっては、文脈からその空欄に入る「品詞」が限られるため、単語の意味は分からなくても空欄を瞬時に埋めることができるものがあります。そのような解き方のコツも覚えておく必要があります。さらに、PART5、6は1問7秒以内で解く練習をしました。その分 PART 7にはじっくり取り組み、見直す時間を残しておくようにしました。

竹内やよい　―執筆協力―

社長秘書兼外見イメージコンサルタント
TOEIC®2009 年 935 点取得。初受験では 450 点、
その後 1 年間カナダに滞在。帰国後は研究機関や外資系企業など
国際的な組織で働きながら TOEIC® スコアを倍増。

執筆協力／編集協力

成舞貴子　―執筆協力―

NHK ラジオ講座をきっかけに英語学習を始め、
現在はイギリスの会社に勤務するかたわら、社会人向け
英会話サークル EC88 にて初級クラスの講師・
子供向け英語教室を行っている。

柴田泰之　―執筆協力―

国内最大級の英語サークル EC88 を 1988 年に立ち上げ、埼玉の
サークル「さいたま EC」なども運営。英会話スクール、塾講師
として初級／中級英会話の指導、英検合格/TOEIC® スコアアップ
のため、中高生から社会人向けに 20 年以上に渡り活動している。

Conor Keenan & Kai　―執筆協力・編集協力―

英会話講師歴約 15 年、在日歴通算 10 年のアメリカ人。
翻訳助手の妻 Kai と、癒し部部長の猫の Shio と共に
現在は映像制作を生業（なりわい）としている。
お問合せはこちらまで：http://www.cmkfilm.com

＜著者プロフィール＞ **TOEIC®900点倶楽部**

TOEIC®900点超えの達人12名が、日本の英語学習に「革命」を起こすべく、本書刊行のため、東京都某所でひそかに結成（うち4名は満点の990点を獲得）。倶楽部の会員は誰もが、会社で、学校で、ビジネスや海外で、リアルに英語を使いこなす猛者ばかり。そんな彼らが「TOEIC® 最高峰の990点を達成するためにはどんな英語学習、どんな英単語が必要か？」をコロナ禍の中、日夜、リモート会議や実際に会って、何時間もかけて議論。「この単語を覚えれば飛躍的にスコアアップができる！」という、純粋に実用的な観点から、TOEIC 頻出の基礎中の基礎である「必須・英単語830」を厳選した。また、TOEIC 以外の実践的な英語能力向上のためにも、吟味に吟味を重ねて、例文の作成に特に全精力を費やした！

＜イラスト＞ スタジオサンダンス／金子（扉）、三浦けいこ（似顔絵）
＜編集・執筆協力・デザイン・ＤＴＰ制作＞ 長谷川清一
＜編集＞ 大上信久

最高峰990点を目指す！
TOEIC®頂上作戦！
プラチナ英単語830

発行日	2020年11月11日　初版第1刷発行
著者	TOEIC®900点倶楽部
発行者	久保田　榮一
発行所	株式会社 扶桑社
	〒105-8070
	東京都港区芝浦1-1-1　浜松町ビルディング
	電話　03-6368-8870（編集）
	03-6368-8891（郵便室）
	www.fusosha.co.jp

印刷・製本……株式会社　加藤文明社